JN093890

公益社団法人全国経理教育協会 主催
文部科学省・日本簿記学会 後援

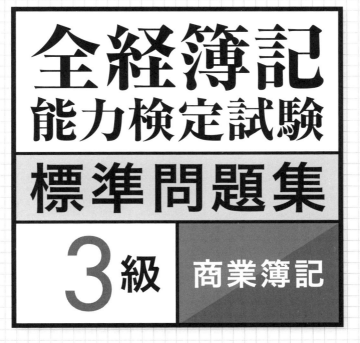

全経簿記
能力検定試験

標準問題集

3級　商業簿記

佐藤信彦 [監修]　　大塚浩記・木下貴博 [編著]

中央経済社

（執筆者一覧）

大塚　浩記　（埼玉学園大学教授）　　　　　　　　1 ～ 5

木下　貴博　（松本大学松商短期大学部教授）　　　6，7，28

劉　　　博　（川口短期大学教授）　　　　　　　　8 ～ 12

粕谷　和生　（城西大学特任教授）　　　　　　　　13 ～ 17

長野　史麻　（明治大学教授）　　　　　　　　　　18 ～ 22

上田　　敬　（松本大学松商短期大学部専任講師）　23 ～ 27

監修者序

　公益社団法人全国経理教育協会簿記能力検定試験制度は1956年10月14日に開始され，受験者数も累計で1,243万人の受験実績を持つ伝統ある検定試験であるが，試験科目名の変更とネット試験（CBT）の導入の２点で2024年度に大きく変わることになった。

　１つ目の試験科目名の変更では，上級及び１級の科目名称が「会計学」は「財務会計」に，「工業簿記」は「原価計算」に，「原価計算」は「管理会計」に変更されたが，これは，ビジネスの発展及び学問の進歩に合わせて変化した出題内容と試験科目名とが合わなくなっていたので，出題内容に合わせるために実行された変更である。

　２つ目のネット試験の導入は，当面は３級と２級に導入されるものであるが，これまで年４回に制限されていた受験機会を何度でも受験可能にすることで，受験生及び指導を行う教員の方の利便性を高めるための変更である。受験生にとっての利便性は説明を要しないであろうが，指導者にとっては，指導の成果（学生の習熟度）を確認する機会が常にあるという点が注目されるのである。もちろん実施者である全国経理教育協会並びに出題者にとっては，負担が重くなることは否めないが，それでも，実施しなければならない責務が存在する。それは，この検定試験には，同協会の会員である専門学校等における教育成果としての「学生の習熟度」を確認するためのものであるという存在意義があるからである。

　ところが，各教育機関における教育を前提とするがゆえに，その教材に関しては，これまでは各教育機関に任され，検定試験受験のために標準となるものがほとんどない状況がある。そこで，その不足を補うという目的をもって企画されたのが，本問題集シリーズである。

　この問題集が，受験生やその指導者など多くの関係者の簿記学習と指導にとって役立つことを期待するしだいである。

監修者　佐藤信彦

編著者はじめに

　本書は，全国経理教育協会主催の簿記能力検定3級（文部科学省・日本簿記学会後援）の問題集である。同試験は2024（令和6）年度より新しい出題範囲となり，ネット試験も導入される。

　基礎簿記会計や3級は，簿記を学び始めて，最初に受験する検定試験である。初学者にとっては，勘定科目の理解，仕訳という行為，帳簿への記入，さらに決算手続きなど，簿記ならではの特徴ある学習内容や学習範囲がとても広く感じることだろう。

　そんな中，検定合格を勝ち取るためには，数多くの練習問題を解き，理解を深めることが大切である。本書の特徴は次のとおりである。

1．28のユニットに分けた構成により，1つのユニットを演習し終えるのに無理のない分量にしている。また，すべてのユニットにおいて，選択肢がある問題ではなく，自らが解答を記入する問題とすることで，学習内容を理解し，定着できるようにしている。

2．各ユニットで学ばなければならない内容は，様々な問題形式によって演習できるようにしている。特に，「仕訳をする問題」と「仕訳から取引を推定する問題」を多く取り入れ，暗記ではなく，企業の経済活動と記帳の関係が理解できるようにしている。

3．決算に関連する内容については，まず個別項目のユニットで決算整理仕訳を学ぶ。これをユニット18で復習し，ユニット20と21で平易な精算表および貸借対照表と損益計算書を作成する。最後にユニット25，26と27で実践的な精算表および貸借対照表と損益計算書を作成することで，段階的に演習できるようにしている。

4．解答用紙をホームページからダウンロードすることにより，繰り返し練習できるようにしている。

　なお，前段階である「基礎簿記会計」からの継続的な学習，あるいは通常のテキストの構成を意識して，ユニット5までの商品売買取引について

は，分記法（商品勘定と商品販売益勘定を使用して記帳する方法）による仕訳としている。

　執筆者一同は，本書での演習という努力を通じて，検定合格という成果を勝ち取ってほしいと祈念している。また，皆さんが３級での学習をきっかけに，それを２級，１級，上級へと続く簿記会計への学びの好奇心につなげていくことを期待している。

編著者

全経簿記能力検定試験の概要と３級商業簿記の出題基準等

１．検定試験の概要

① 受験資格を制限しない（男女の別，年齢，学歴，国籍等の制限なく誰でも受けられる）。

② ペーパー試験は年間４回行い，その日時及び場所は施行のつどこれを定める（ただし上級の試験は毎年２回とする）。ネット試験は随時受験可能。

③ 各級の科目及び制限時間は以下のとおり。

上級	商業簿記／財務会計	１時間30分
	原価計算／管理会計	１時間30分
１級	商業簿記・財務会計	１時間30分
	原価計算・管理会計	１時間30分
２級	商業簿記	１時間30分
	工業簿記	１時間30分
３級	商業簿記	１時間30分
基礎簿記会計		１時間30分

④ 検定試験は各級とも１科目100点を満点とし，全科目得点70点以上を合格とする。ただし，上級は各科目の得点が40点以上で全４科目の合計得点が280点以上を合格とする。

⑤ １級の商業簿記・財務会計と原価計算・管理会計，２級の商業簿記と工業簿記はそれぞれ単独の受験が可能である。

⑥ その他試験の詳細は主催者である公益社団法人 全国経理教育協会のホームページ（https://www.zenkei.or.jp/exam/bookkeeping）を参照いただきたい。

2.「3級商業簿記」の出題基準と標準勘定科目

- **出題基準**

  小規模株式会社

- **出題理念および合格者の能力**

  ① 小売業や卸売業（商業）における管理のために必要とされる簿記の基本的な仕組みを理解できる。

  ② 小規模な株式会社の経理担当者ないし経営管理者として計数の観点から管理するための会計情報を作成及び利用できる。

- **標準勘定科目**

標準的な勘定科目の例示は，次のとおりである（なお，基礎簿記会計に示されたものは除く）。

資 産 勘 定	小 口 現 金	当 座 預 金	定 期 預 金	有 価 証 券	繰 越 商 品
消 耗 品	前 払 金	支 払 手 付 金	前 払 家 賃	前 払 地 代	前 払 保 険 料
従業員貸付金	立 替 金	従業員立替金	未 収 金	仮 払 消 費 税	負 債 勘 定
未 払 金	未 払 税 金	未 払 給 料	未 払 広 告 費	未 払 家 賃	未 払 地 代
前 受 金	受 取 手 付 金	預 り 金	従業員預り金	所得税預り金	社会保険料預り金
仮 受 消 費 税	純資産(資本)勘定	繰越利益剰余金	収 益 勘 定	売 上	有価証券売却益
雑 益	雑 収 入	費 用 勘 定	売 上 原 価	仕 入	貸倒引当金繰入(額)
貸 倒 損 失	減 価 償 却 費	交 際 費	支 払 手 数 料	租 税 公 課	有価証券売却損
雑 損	その他の勘定	仮 払 金	現 金 過 不 足	仮 受 金	貸 倒 引 当 金

（参考：基礎簿記会計の標準勘定科目）

資 産 勘 定	現 金	普 通 預 金	売 掛 金	商 品	貸 付 金
建 物	車 両 運 搬 具	備 品	土 地	負 債 勘 定	買 掛 金
借 入 金	純資産(資本)勘定	資 本 金	収 益 勘 定	○ ○ 収 入	商品販売益
役 務 収 益	受 取 利 息	費 用 勘 定	給 料	広 告 費	発 送 費
旅 費	交 通 費	通 信 費	水 道 光 熱 費	消 耗 品 費	修 繕 費
支 払 家 賃	支 払 地 代	保 険 料	雑 費	支 払 利 息	その他の勘定
損 益	引 出 金				

※ 「その他の勘定」に含まれている項目の一部は，他の区分に計上される可能性あり。

目次 全経簿記能力検定試験 標準問題集 3級

問題

01

01 簿記の意義・簿記一巡

学習の記録

Summary

1 簿記は，企業の経済活動を記録，計算，整理，報告する技術である。

2 簿記の目的は，企業の財産を管理し，一定時点の財政状態を表示し，また一定期間の経営成績を表示することである。

3 簿記の手続きは，企業の経済活動すなわち取引を発生順に仕訳帳に記録し，その結果を勘定科目ごとに総勘定元帳に転記し，その転記結果から合計試算表，残高試算表を作成し，必要な決算整理を行ったうえで損益計算書と貸借対照表を作成することによって行われる。

4 記帳の対象となる簿記上の取引は，資産，負債，純資産（資本），収益，費用が増減変化する経済活動である。売買契約や賃貸借契約などは，簿記上の取引に含まれない。

5 勘定口座（元帳やTフォーム）への転記の際に，相手勘定科目が複数ある場合は「諸口」と記入する。

6 総勘定元帳の各勘定の借方と貸方の合計金額を集計した合計試算表と，借方合計と貸方合計の差額を集計した残高試算表は，それぞれの借方合計と貸方合計の金額が必ず一致する。

7 貸借対照表で計算された当期純利益と，損益計算書で計算された当期純利益は，必ず一致する。

問題 1 次の出来事が簿記上の取引である場合には○，簿記上の取引ではない場合には×を解答欄に記入しなさい。

（1） 台風による水害で倉庫に保管していた商品と備品を廃棄した。

（2） 新商品展示会で来月発売の商品100個の注文を受けた。

2

□□ **問題 2** 次の取引を仕訳し，現金勘定についてのみ転記しなさい。

　４月５日　大阪商店に原価￥140,000の商品を￥200,000で販売し，代金のうち￥20,000は現金で受け取り，残額は掛けとした。

　　　８日　取引銀行に借入金￥300,000を，その利息￥15,000とともに現金で返済した。

　　　10日　大阪商店に対する前月の売掛金￥240,000を現金で受け取った。

□□ **問題 3** 次の仕訳から推定される取引を答えなさい。

4/13	（借）	商　　　　品	134,000	（貸）	現　　　　金	34,000
					買　掛　金	100,000
20	（借）	給　　　　料	365,000	（貸）	普　通　預　金	365,000
22	（借）	車　両　運　搬　具	900,000	（貸）	現　　　　金	900,000

□□ **問題 4** 次の各勘定の借方合計と貸方合計の金額を加えて，解答欄の合計試算表を完成させ，その完成させた合計試算表から残高試算表を完成させなさい。

	売　掛　金				買　掛　金		
4/4 諸　口	150,000	4/15 現　金	235,000	4/10 現　金	175,000	4/6 商　品	206,000
7 諸　口	345,000	20 普通預金	352,000	25 普通預金	260,000	10 商　品	134,000
21 諸　口	284,000					28 商　品	186,000

□□ **問題 5** 次の期末の勘定残高から損益計算書と貸借対照表を作成しなさい。なお，貸借対照表における当期純利益の表示は，繰越利益剰余金とすること。

受取手数料	￥485,000	給　　　料	￥254,000	現　　　金	￥270,200
支　払　家　賃	186,000	借　入　金	200,000	通　信　費	22,000
普　通　預　金	422,300	貸　付　金	80,000	支　払　利　息	8,000
備　　　品	45,000	受　取　利　息	2,500	資　本　金	600,000

3

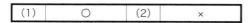

解答・解説

問題 1

(1)	○	(2)	×

（1）　廃棄により商品（資産）と備品（資産）が減少し，損失（費用）が
発生したため，簿記上の取引となる。

（2）　新商品の販売契約は結んだが，まだ商品を引き渡しておらず，資産
や収益に変動がないため，簿記上の取引ではない。

問題 2

	借方科目	金額	貸方科目	金額
4/5	現　　　　　金	20,000	商　　　　　品	140,000
	売　　掛　　金	180,000	商 品 販 売 益	60,000
8	借　　入　　金	300,000	現　　　　　金	315,000
	支　払　利　息	15,000		
10	現　　　　　金	240,000	売　　掛　　金	240,000

<table>
<tr><td colspan="8" align="center">現　　　　金</td></tr>
<tr><td>4/1</td><td>前　期　繰　越</td><td>3,000,000</td><td>4/8</td><td>諸</td><td>口</td><td>315,000</td></tr>
<tr><td>5</td><td>諸　　　　　口</td><td>20,000</td><td></td><td></td><td></td><td></td></tr>
<tr><td>10</td><td>売　　掛　　金</td><td>240,000</td><td></td><td></td><td></td><td></td></tr>
</table>

　　4/5と4/8の転記の際，相手勘定科目が商品と商品販売益，現金と売掛金，
借入金と支払利息の場合には，複数の勘定科目があるため，「諸口」とする。

問題 3

4/13　商品¥134,000を仕入れ，代金のうち¥34,000は現金で支払い，残額
は掛けとした。

20　普通預金口座から給料¥365,000を支払った。

22　トラックや乗用車といった車両¥900,000を購入し，代金は現金で支
払った。

合 計 試 算 表

借方	勘定科目	貸方
1,535,000	現　　　　金	498,000
（　　779,000）	売　掛　金	（　　587,000）
223,000	備　　　　品	
（　　435,000）	買　掛　金	（　　526,000）
	資　本　金	1,000,000
	商 品 販 売 益	3,086,000
2,005,000	給　　　　料	
720,000	支　払　家　賃	
5,697,000		5,697,000

残 高 試 算 表

借方	勘定科目	貸方
1,037,000	現　　　　金	
192,000	売　掛　金	
223,000	備　　　　品	
	買　掛　金	91,000
	資　本　金	1,000,000
	商 品 販 売 益	3,086,000
2,005,000	給　　　　料	
720,000	支　払　家　賃	
4,177,000		4,177,000

損 益 計 算 書

費　用	金　額	収　益	金　額
給　　　　料	254,000	受取手数料	485,000
支 払 家 賃	186,000	受 取 利 息	2,500
通　信　費	22,000		
支 払 利 息	8,000		
当期純利益	17,500		
	487,500		487,500

貸 借 対 照 表

資　産	金　額	負債・純資産	金　額
現　　　金	270,200	借　入　金	200,000
普 通 預 金	422,300	資　本　金	600,000
貸　付　金	80,000	繰越利益剰余金	17,500
備　　　品	45,000		
	817,500		817,500

02 仕訳帳・総勘定元帳

Summary

仕訳帳と総勘定元帳の記入例は次のとおりである。

仕　訳　帳　　　　　　　　　　1

日付		摘　　　要	元丁	借　方	貸　方
4	5	（　商　　品　）	6	200,000	
		（　現　　金　）	1		200,000
		大阪商店から商品仕入。			
	8	（　現　　金　）　諸　　口	1	315,000	
		（　貸　付　金）	15		300,000
		（　受　取　利　息）	33		15,000
		貸付金を利息と共に回収。			

総　勘　定　元　帳
現　　　金　　　　　　　　　　1

日付		摘　要	仕丁	借　方	日	付	摘　要	仕丁	貸　方
4	1	前　期　繰　越	✓	2,500,000	4	5	商　　　品	1	200,000
	8	諸　　口	1	315,000					

□□ **問題 1** 次の取引を仕訳帳に仕訳し，総勘定元帳の各勘定口座に転記しなさい。なお，資産と負債の勘定口座には，便宜的に前月から繰越された金額を記入している。

5月4日　賃貸している店舗の今月分の家賃￥150,000を現金で受け取った。

10日　千葉商店に対する前月の買掛金￥220,000を現金で支払った。

19日　栃木商店に原価￥400,000の商品を￥545,000で販売し，代金のうち￥250,000は現金で受け取り，残額は掛けとした。

25日　千葉商店から商品￥200,000を購入し，代金のうち￥20,000は現金で支払い，残額は掛けとした。

□□ **問題 2** 次の総勘定元帳の記入から推定される5/10と5/15の仕訳を答えなさい。

<u>総 勘 定 元 帳</u>
現　　　金　　　　　　　　　1

日付		摘　要	仕丁	借　方	日付		摘　要	仕丁	貸　方
4	1	前 期 繰 越	✓	3,481,200	4	10	貸　付　金	1	2,000,000
5	10	諸　　　　口	2	525,000	5	15	備　　　品	2	185,000

備　　　品　　　　　　　　　5

日付		摘　要	仕丁	借　方	日付		摘　要	仕丁	貸　方
5	15	現　　　　金	2	185,000					

貸　付　金　　　　　　　　　8

日付		摘　要	仕丁	借　方	日付		摘　要	仕丁	貸　方
4	10	現　　　　金	1	2,000,000	5	10	現　　　　金	2	500,000

受 取 利 息　　　　　　　　41

日付		摘　要	仕丁	借　方	日付		摘　要	仕丁	貸　方
					5	10	現　　　　金	2	25,000

□□ **問題 3** 次の仕訳帳の記入から6/5と6/7の取引を推定しなさい。

<u>仕　訳　帳</u>　　　　　　　　1

日付		摘　　要	元丁	借　方	貸　方
6	5	（ 土 　 地 ）	18	2,000,000	
		（ 現 　 金 ）	1		2,000,000
	7	（ 商 　 品 ）　　諸 　 口	6	140,000	
		（ 現 　 金 ）	1		28,000
		（ 買 掛 金 ）	12		112,000

問題 1 ....

仕　訳　帳　　　　　　　　　　　　　2

日付		摘　　要	元丁	借　方	貸　方
5	4	（　現　　金　）	1	150,000	
		（　受　取　家　賃　）	22		150,000
		店舗家賃の受取。			
	10	（　買　掛　金　）	12	220,000	
		（　現　　金　）	1		220,000
		買掛金(千葉商店)を支払。			
	19	諸　　口　　　　　諸　　口			
		（　現　　金　）	1	250,000	
		（　売　掛　金　）	3	295,000	
		（　商　　品　）	6		400,000
		（商品販売益）	21		145,000
		栃木商店に商品を販売。			
	25	（　商　　品　）　　　諸　　口	6	200,000	
		（　現　　金　）	1		20,000
		（　買　掛　金　）	12		180,000
		千葉商店から商品を購入。			

　5/19や5/25の貸方のように，複数の勘定科目がある場合には，勘定科目の上に諸口と記入することに注意する。

総　勘　定　元　帳
現　　　金　　　　　　　　　　　　　　1

日付		摘　要	仕丁	借　方	日付		摘　要	仕丁	貸　方
5	1	前　月　繰　越	✓	682,000	5	10	買　　掛　　金	2	220,000
	4	受　取　家　賃	2	150,000		25	商　　　　　品	〃	20,000
	19	諸　　　　　口	〃	250,000					

　仕丁欄が同じページの場合には，「〃」とする。

売　　掛　　金　　　　　　　　　　　　3

日付		摘　要	仕丁	借　方	日付	摘　要	仕丁	貸　方
5	1	前　月　繰　越	✓	32,000				
	19	諸　　　　　口	2	295,000				

		商 品				6			
日付	摘　要	仕丁	借　方	日付	摘　要	仕丁	貸　方
5	1	前　月　繰　越	✓	876,000	5	19	諸　　　　口	2	400,000
	25	諸　　　　口	2	200,000					

		買 掛 金				12			
日付	摘　要	仕丁	借　方	日付	摘　要	仕丁	貸　方
5	10	現　　　　金	2	220,000	5	1	前　月　繰　越	✓	220,000
						25	商　　　　品	2	180,000

		商 品 販 売 益				21			
日付	摘　要	仕丁	借　方	日付	摘　要	仕丁	貸　方
					5	19	諸　　　　口	2	145,000

		受 取 家 賃				22			
日付	摘　要	仕丁	借　方	日付	摘　要	仕丁	貸　方
					5	4	現　　　　金	2	150,000

5/19と5/25の諸口の記入に注意する。

問題 2 ……………………………………………………………………………

	借方科目	金額	貸方科目	金額
5/10	現　　　　　金	525,000	貸　　付　　金	500,000
			受　取　利　息	25,000
15	備　　　　　品	185,000	現　　　　　金	185,000

　解答を求められている各日付を各勘定口座から探し，借方記入と貸方記入の金額を確認する。摘要は相手勘定科目であることに注意する。

問題 3 ……………………………………………………………………………

6/5　土地を購入し，代金¥2,000,000は現金で支払った。

　7　商品¥140,000を購入し，代金のうち¥28,000は現金で支払い，残額は掛けとした。

03 現金・現金出納帳・現金過不足

学習の記録 ❯

Summary

1 簿記上の現金には，通貨に加えて**通貨代用証券**（他人振出小切手・送金小切手・郵便為替証書など）が含まれる。

2 現金の帳簿残高と実際有高に差額が生じた場合には，いったん，現金過不足勘定に記入し，不一致の原因を調査する。例えば，帳簿残高￥100で実際有高￥130だった場合の仕訳は次のとおりである。

| （借） | 現　　　　金 | 30 | （貸） | 現 金 過 不 足 | 30 |

3 上記**2**の過剰額のうち￥20分が受取手数料であることが判明した場合の仕訳は次のとおりである。

| （借） | 現 金 過 不 足 | 20 | （貸） | 受 取 手 数 料 | 20 |

4 決算日までに不一致の原因が判明しなかった場合には，**雑損**勘定または**雑益**勘定に振り替える。上記**3**のまま決算を迎えた場合の仕訳は次のとおりである。

| （借） | 現 金 過 不 足 | 10 | （貸） | 雑　　　　益 | 10 |

5 現金出納帳の記入例は次のとおりである。

現 金 出 納 帳

日付		摘　　　要	収　入	支　出	残　高
6	1	前 月 繰 越	100,000		100,000
	18	普 通 預 金 引 出	400,000		500,000
	20	給 料 支 払		120,000	380,000
	25	買 掛 金 支 払		250,000	130,000
	30	**次 月 繰 越**		**130,000**	
			500,000	500,000	
7	1	前 月 繰 越	130,000		130,000

10

□□ 問題 1 次の一連の取引を仕訳し，現金出納帳に記入して締め切りなさい。

6月2日 宮城商店に商品￥345,000（原価￥280,000）を販売し，代金のうち￥100,000は同店振出の小切手で受け取り，残額は掛けとした。

3日 2日に受け取った宮城商店振出の小切手￥100,000を取引銀行の普通預金口座に預け入れた。

15日 秋田商店に原価￥90,000の商品を￥120,000で販売し，代金は送金小切手で受け取った。

24日 従業員に給料￥380,000を現金で支給した。

27日 水道料金￥18,200を現金で支払った。

□□ 問題 2 次の一連の取引を仕訳し，現金過不足勘定については転記しなさい。

6月5日 本日，金庫の現金を数えたところ，実際有高は￥203,200であった。なお，現金の帳簿残高は￥223,900であったので，不一致の原因を調査することとした。

7日 調査中の現金不足額のうち￥10,800は電気料金，￥9,700は電話料金の記帳漏れであることが判明した。

12月31日 決算に際し，調査していた現金不足額の原因が不明なため，残高を雑損勘定に振り替えた。

□□ 問題 3 以下のような仕訳を行うことになる取引を推定しなさい。

(1)	(借)	商 品	132,000	(貸)	現 金			26,400
					買 掛 金			105,600
(2)	(借)	現 金	200,000	(貸)	普 通 預 金			200,000
(3)	(借)	支 払 地 代	50,000	(貸)	現 金			50,000
(4)	(借)	現 金	304,000	(貸)	貸 付 金			300,000
					受 取 利 息			4,000
(5)	(借)	水 道 光 熱 費	6,000	(貸)	現 金 過 不 足			46,000
		広 告 費	40,000					

11 at bottom right

山形商事の現金等はすべて金庫に保管されている。金庫には次のものがあった。山形商事の簿記上の現金はいくらか答えなさい。

硬　貨	¥　　5,320	紙　幣	¥108,000
他人振出小切手	¥350,000	郵便切手	¥　8,400
レシート・領収証	¥　87,500	郵便為替証書	¥　30,000
普通預金口座の通帳（残高：¥723,300）			

解答・解説

問題 1

	借方科目	金額	貸方科目	金額
6/2	現　　　　　金	100,000	商　　　　　品	280,000
	売　　掛　　金	245,000	商 品 販 売 益	65,000
3	普 通 預 金	100,000	現　　　　　金	100,000
15	現　　　　　金	120,000	商　　　　　品	90,000
			商 品 販 売 益	30,000
24	給　　　　料	380,000	現　　　　　金	380,000
27	水 道 光 熱 費	18,200	現　　　　　金	18,200

6/2の他人振出の小切手は，簿記上の現金である。

6/15の送金小切手は，簿記上の現金である。

現 金 出 納 帳

日付		摘　　　　要	収　入	支　出	残　高
6	1	前　月　繰　越	902,000		902,000
	2	宮城商店振出小切手受取	100,000		1,002,000
	3	普 通 預 金 預 入		100,000	902,000
	15	送 金 小 切 手 受 取	120,000		1,022,000
	24	給 料 支 払		380,000	642,000
	27	水 道 光 熱 費 支 払		18,200	623,800
	30	次　月　繰　越		623,800	
			1,122,000	1,122,000	
7	1	前　月　繰　越	623,800		623,800

問題 2

	借方科目	金額	貸方科目	金額
6/5	現 金 過 不 足	20,700	現　　　　　金	20,700
6/7	水 道 光 熱 費	10,800	現 金 過 不 足	20,500
	通　信　費	9,700		
12/31	雑　　　　損	200	現 金 過 不 足	200

6/5の不足額￥20,700（＝￥223,900－￥203,200）

12/31は，仮に貸方残高だった場合には，雑益勘定に振り替える。

現 金 過 不 足

6/5	現	金	20,700	6/7	諸	口	20,500
				12/31	雑	損	200

　この結果，現金過不足勘定の残高はゼロとなり，貸借対照表にも損益計算書にも計上されない。

問題 3

（1）　商品￥132,000を購入し，その代金の一部￥26,400を現金で支払い，残額を掛けとした。

（2）　普通預金口座から現金￥200,000を引き出した。

（3）　賃借料や駐車場料金といった土地を借りたことによる代金￥50,000を現金で支払った。

（4）　貸付金￥300,000について現金で返済を受け，同時に利息￥4,000を現金で受け取った。

（5）　判明していた現金不足額￥46,000について，水道光熱費￥6,000と広告費￥40,000の記帳漏れが原因であると判明した。

問題 4

簿記上の現金	￥493,320

　簿記上の現金に含まれるのは，硬貨，紙幣，他人振出小切手，郵便為替証書である。

04 定期預金・当座預金・当座預金出納帳

Summary

1 普通預金と定期預金に発生する利息は，次の計算式で計算する。

　　　預金元本　×　利率年○%　=　1年間の利息

※利息は時間に比例して発生するため，たとえば，預入期間が6ヵ月であれば，1年間の利息に$\frac{6 ヵ月}{12 ヵ月}$を掛けた金額となる。

2 当座預金から資金を引き出す際には，**小切手**を振り出す。

たとえば，A商店がB商店から商品¥30（原価¥20）を仕入れ，代金は小切手を振り出して支払った取引は，次のように仕訳する。

A 商 店	(借) 商　　　品	30	(貸) 当 座 預 金	30

　商品を販売してA商店振出の小切手¥30を受け取ったB商店は，次のように仕訳し，A商店の当座預金口座からから引き出された現金を受け取る。

B 商 店	(借) 現　　　金	30	(貸) 商　　　品	20
			商 品 販 売 益	10

3 当座預金出納帳の記入例は次のとおりである。

当 座 預 金 出 納 帳

日付		摘　　　要	預　　入	引　　出	借／貸	残　　高
6	1	前 月 繰 越	100,000		借	100,000
	2	現 金 預 入	200,000		〃	300,000
	7	買 掛 金 支 払		180,000	〃	120,000
	25	売 掛 金 回 収	160,000		〃	280,000
	30	**次 月 繰 越**		**280,000**		
			460,000	460,000		
7	1	前 月 繰 越	280,000		借	280,000

□□ **問題 1** 次の取引を仕訳しなさい。
（1）　鹿児島商店は，手もとにある現金¥300,000のうち¥100,000を普通預金口座に預け入れ，残額は当座預金口座に預け入れた。
（2）　普通預金口座から¥4,500,000を定期預金口座に振り替えた。
（3）　本日，定期預金¥3,000,000が満期となり，定期預金口座から¥3,000,000とともに満期利息¥6,000が普通預金口座に振り替えられた。
（4）　宮崎商事の普通預金口座に利息¥1,500が入金された。
（5）　熊本商事の定期預金¥2,000,000が満期となり，利息と共に現金で受け取った。なお，利息は利率年1.5%，預入期間は1年間だった。

□□ **問題 2** 次の取引を仕訳しなさい。
（1）　島根商事は，今月の事務所の家賃¥165,000につき小切手を振り出して支払った。
（2）　広島商店は，先月の沖縄商店に対する売掛金¥402,000が当座預金口座に振り込まれていることを確認した。
（3）　鳥取商店は，商品¥240,000を購入し，代金のうち¥48,000は小切手を振り出して支払い，残額は掛けとした。
（4）　山口商店に原価¥210,000の商品を¥280,000で販売し，代金のうち¥80,000は同店振出の小切手で受け取り，残額は掛けとした。
（5）　上記（4）で受け取った山口商店振出の小切手¥80,000を当座預金口座に預け入れた。

□□ **問題 3** 次の佐賀商事の一連の取引を仕訳し，必要な内容を当座預金出納帳に記入して締切なさい。
　6月5日　大分商店に対する売掛金¥352,000が当座預金口座に入金された。
　　8日　福岡商店から商品¥235,000を仕入れ，¥47,000は小切手を振り出して支払い，残額は掛けとした。
　　13日　長崎自動車より営業用自動車¥980,000を購入し，代金の半額は現金で支払い，残額は小切手を振り出して支払った。
　　22日　大分商店に原価¥380,000の商品を¥484,000で売り渡し，代金のうち¥100,000は同店振出の小切手で受け取り，残額は掛けとした。
　　24日　電気料金¥28,300が当座預金口座から引き落とされていた。

□□ 問題 4 以下のような仕訳を行うことになる取引を推定しなさい。

(1)	(借)	商	品	120,000	(貸)	現	金	60,000	
						買 掛 金		60,000	
(2)	(借)	当 座 預 金		400,000	(貸)	普 通 預 金		400,000	

解答・解説

問題 1

	借方科目	金額	貸方科目	金額
(1)	普 通 預 金	100,000	現 金	300,000
	当 座 預 金	200,000		
(2)	定 期 預 金	4,500,000	普 通 預 金	4,500,000
(3)	普 通 預 金	3,006,000	定 期 預 金	3,000,000
			受 取 利 息	6,000
(4)	普 通 預 金	1,500	受 取 利 息	1,500
(5)	現 金	2,030,000	定 期 預 金	2,000,000
			受 取 利 息	30,000

（5） 利息の計算：定期預金￥2,000,000 × 1.5% ＝ ￥30,000

問題 2

	借方科目	金額	貸方科目	金額
(1)	支 払 家 賃	165,000	当 座 預 金	165,000
(2)	当 座 預 金	402,000	売 掛 金	402,000
(3)	商 品	240,000	当 座 預 金	48,000
			買 掛 金	192,000
(4)	現 金	80,000	商 品	210,000
	売 掛 金	200,000	商 品 販 売 益	70,000
(5)	当 座 預 金	80,000	現 金	80,000

		借方科目	金額	貸方科目	金額
6/5	当 座 預 金		352,000	売 掛 金	352,000
8	商 品		235,000	当 座 預 金	47,000
				買 掛 金	188,000
13	車 両 運 搬 具		980,000	現 金	490,000
				当 座 預 金	490,000
22	現 金		100,000	商 品	380,000
	売 掛 金		384,000	商 品 販 売 益	104,000
24	水 道 光 熱 費		28,300	当 座 預 金	28,300

6/8と6/13の小切手振出は，いずれも当座預金の減少として記帳する。

6/22の他人振出の小切手の受取は，現金の増加であり，受け取った立場で
ある佐賀商事の当座預金は増減しない。

当 座 預 金 出 納 帳

日付		摘 要	預 入	引 出	借/貸	残 高
6	1	前 月 繰 越	2,530,200		借	2,530,200
	5	売 掛 金 回 収	352,000		〃	2,882,200
	8	商 品 代 金 支 払		47,000	〃	2,835,200
	13	車 両 代 金 支 払		490,000	〃	2,345,200
	24	電 気 料 金 支 払		28,300	〃	2,316,900
	30	次 月 繰 越		2,316,900		
			2,882,200	2,882,200		
7	1	前 月 繰 越	2,316,900		借	2,316,900

「借 / 貸」欄は，借方残高か貸方残高かを示す欄である。ここで学ぶ取引
では，当座預金の残高が貸方残高になることはないので，すべて借方残高
となる。上と同じという意味で6/5以降は「〃」と記入する。

（1） 商品￥120,000を購入し，代金の半額￥60,000を現金で支払い，残り
の半額￥60,000を掛けとした。

（2） 普通預金口座から当座預金口座に￥400,000を預け入れた。

05 小口現金・小口現金出納帳

Summary

1 小口現金勘定は，**定額資金前渡制度（インプレスト・システム）** を採用している場合に使用する勘定科目である。たとえば，1週間の小払資金¥300につき，小切手を振り出して小口現金係（小払係，用度係，小払担当者）に渡した場合の仕訳は次のとおりである。

| （借） | 小 口 現 金 | 300 | （貸） | 当 座 預 金 | 300 |

2 **1**の1週間後，交通費¥230の支払報告を小口現金係が受けた場合の仕訳は次のとおりである。

| （借） | 交 通 費 | 230 | （貸） | 小 口 現 金 | 230 |

3 **2**の後，上記の報告額と同額の小切手を振り出して補給した場合の仕訳は次のとおりである。

| （借） | 小 口 現 金 | 230 | （貸） | 当 座 預 金 | 230 |

なお，上記**2**の支払報告と同時に，報告額をただちに小切手を振り出して補給した場合には，次のように仕訳する。

| （借） | 交 通 費 | 230 | （貸） | 当 座 預 金 | 230 |

4 小口現金出納帳の記入例は次のとおりである。

小 口 現 金 出 納 帳

受 入	X年		摘 要	支 払	内　訳				残 高
					交通費	通信費	消耗品費	雑費	
5,000	5	6	前 週 繰 越						5,000
		〃	郵 便 切 手 代	840		840			4,160
		7	バ ス 回 数 券	2,200	2,200				1,960
		10	お 茶 代	500				500	1,460
			合　　　計	3,540	2,200	840	0	500	
3,540		10	本 日 補 給						5,000
		〃	次 週 繰 越	5,000					
8,540				8,540					
5,000	5	13	前 週 繰 越						5,000

□□ 問題 **1**　次の取引を仕訳しなさい。

（1）　北海道商店は，定額資金前渡制度（インプレスト・システム）を開始するため，会計係が小口現金係に1週間分の小払資金として小切手¥50,000を振り出して渡した。

（2）　上記（1）の北海道商店の会計係は，週末に小口現金係から，今週の支払が消耗品費¥3,450と通信費¥14,500との報告を受け，資金の補給は翌週に行うことにした。

（3）　定額資金前渡制度を採用している青森商事の会計係は，小口現金係より次のとおり今週の支払報告を受けた。

　　電気料金¥8,800，電話料金¥24,300，お茶・お茶菓子代¥1,200

　　なお，資金の補給は翌週に行う。

（4）　上記（3）の青森商事の会計係は，前週に報告された支出と同額¥34,300の小切手を振り出して，小口現金係に渡した。

（5）　定額資金前渡制度を採用している秋田商店の会計係は，小口現金係より次の支払報告を受け，ただちに同額の小切手を振り出して小口現金係に渡した。

　　タクシー代¥2,400，ノート・ファイル代¥2,200，新聞代¥4,500

□□ 問題 **2**　次の取引を小口現金出納帳に記入して締切なさい。なお，小口現金係は，定額資金前渡制度（インプレスト・システム）により毎週金曜日の終業時にその週の支払いを報告し，資金の補給を受けている。

　5月10日（月）　来客用お茶菓子　　　　　　¥1,240

　　　11日（火）　インターネット通信料　　　¥6,800

　　　12日（水）　プリンター用紙代　　　　　¥1,620

　　　13日（木）　高速道路通行料金　　　　　¥1,200

　　　14日（金）　携帯電話通話料　　　　　　¥8,730

□□ 問題 3　次の取引を小口現金出納帳に記入して締切なさい。なお，小口現金係は，定額資金前渡制度（インプレスト・システム）により毎週金曜日の終業時にその週の支払いを報告し，翌週月曜日に資金の補給を受けている。

9月3日（月）　郵便切手代　　　　　￥16,800
　　4日（火）　郵便用封筒代　　　　￥1,200
　　5日（水）　来客用コーヒー代　　￥800
　　6日（木）　タクシー代　　　　　￥2,580
　　7日（金）　コピー機トナー代　　￥14,400

解答・解説

問題 1

	借方科目	金額	貸方科目	金額
(1)	小　口　現　金	50,000	当　座　預　金	50,000
(2)	消　耗　品　費	3,450	小　口　現　金	17,950
	通　　信　　費	14,500		
(3)	水　道　光　熱　費	8,800	小　口　現　金	34,300
	通　　信　　費	24,300		
	雑　　　　　費	1,200		
(4)	小　口　現　金	34,300	当　座　預　金	34,300
(5)	交　　通　　費	2,400	当　座　預　金	9,100
	消　耗　品　費	2,200		
	雑　　　　　費	4,500		

（3）　電気料金は水道光熱費，電話料金は通信費，お茶・お茶菓子代は雑費に記帳する。

（5）　タクシー代は交通費，ノート・ファイル代は消耗品費，新聞代は雑費に記帳する。

問　題　**2** ....

小 口 現 金 出 納 帳

受　入	X年		摘　　要	支　払	内　　訳				残　高
					交通費	通信費	消耗品費	雑　費	
30,000	5	10	前　週　繰　越						30,000
		〃	来客用お茶菓子	1,240				1,240	28,760
		11	インターネット通信料	6,800		6,800			21,960
		12	プリンター用紙代	1,620			1,620		20,340
		13	高速道路通行料金	1,200	1,200				19,140
		14	携帯電話通話料	8,730		8,730			10,410
			合　　　計	19,590	1,200	15,530	1,620	1,240	
19,590		14	本　日　補　給						30,000
		〃	**次　週　繰　越**	**30,000**					
49,590				49,590					
30,000	5	17	前　週　繰　越						30,000

　定額資金前渡制度（インプレスト・システム）では，支払欄の合計金額¥19,590が補給する金額になる。14日の残高欄¥10,410に14日の補給額¥19,590が加算されるため，次週繰越および5月17日の前週繰越の金額は，5月10日の金額と同じ¥30,000になる。

問　題　**3** ....

小 口 現 金 出 納 帳

受　入	X年		摘　　要	支　払	内　　訳				残　高
					交通費	通信費	消耗品費	雑　費	
23,350	9	3	前　週　繰　越						23,350
26,650		〃	本　日　補　給						50,000
		〃	郵　便　切　手　代	16,800		16,800			33,200
		4	郵　便　用　封　筒　代	1,200			1,200		32,000
		5	来客用コーヒー代	800				800	31,200
		6	タ　ク　シ　ー　代	2,580	2,580				28,620
		7	コピー機トナー代	14,400			14,400		14,220
			合　　　計	35,780	2,580	16,800	15,600	800	
		7	**次　週　繰　越**	**14,220**					
50,000				50,000					
14,220	9	10	前　週　繰　越						14,220
35,780		〃	本　日　補　給						50,000

　週末に報告された金額を翌週に補給する様式である。次週繰越の金額はそのまま翌週に繰り越され，翌週の補給によって定額になる。問　題　**2** と比較してその違いを確認しておきたい。

06 その他の債権債務

Summary

　全経３級の債権・債務には，他ユニットで取り上げるもの以外に**立替金・預り金，未収金・未払金，前払金・前受金，仮払金・仮受金**がある。

　これらのうち，一時的な金銭の立替え，預かりは，立替金・預り金で処理するが，従業員に対するものについては，取引先に対する債権・債務と区別するために，勘定科目の選択肢に従業員立替金，従業員預り金があれば，それを用い，なければ立替金・預り金を用いる。また，原則として，給与支払時に従業員から預かった所得税については所得税預り金，社会保険料については社会保険料預り金で処理する。

　商品の売買契約時に内金や手付金を授受した際は，前払金・前受金で処理する。ただし，手付金の場合には契約を履行しない選択をする権利（契約履行オプション）があるため，勘定科目の選択肢に支払手付金・受取手付金があれば，それを用い，なければ前払金・前受金を用いる。

□□ 問題 **1** 次の取引について仕訳しなさい。商品売買は三分法で処理すること。

（1）　取引先長野興業株式会社の従業員の旅費¥10,000を現金で立替払いした。立て替えた経費は，後日請求予定である。

（2）　従業員が負担すべき物品の代金¥3,000を現金で立替払いした。

（3）　従業員の旅行積立金¥12,000を現金で預かった。

（4）　従業員への給料¥100,000の支払に際して，所得税の源泉徴収額¥4,000を差し引き，普通預金口座から口座振替で支払った。

（5）　従業員への給料¥260,000を，所得税の源泉徴収額¥8,000と従業員負担分の社会保険料¥9,000を差し引き，現金で支払った。

（6）　従業員から預かった所得税の源泉徴収額¥5,000を現金で納付した。

（ 7 ）　営業用パソコン¥180,000を売却し，代金は後日受け取ることにした。

（ 8 ）　営業用プリンター¥160,000を購入し，代金は後日支払うことにした。

（ 9 ）　 6 月15日に購入した営業用トラックの代金¥600,000を，本日（ 6 月30日）小切手で支払った。

（10）　先月末に不要になった商品陳列棚を¥50,000で売却し，代金は当月末に受け取ることにしていたが，本日代金を現金で受け取った。

（11）　商品¥50,000の注文を行い，手付金¥5,000を現金で支払った。

（12）　A商品（販売価格@¥500）の販売に先立ち，新潟商会より300個の予約注文を受け，商品代金全額が普通預金口座に振り込まれた。

（13）　東京物産株式会社に商品¥300,000を販売し，代金のうち¥50,000は以前受け取っていた手付金を充当し，残額は掛けとした。

（14）　愛知商会より商品¥130,000を仕入れ，代金のうち¥40,000は以前支払っていた内金を充当し，残額は来月末に支払うことにした。

（15）　従業員の出張にあたり，旅費交通費の概算額¥30,000を現金で渡した。

（16）　かねて従業員の出張に際して，旅費交通費の概算額として¥30,000を渡していたが，本日，従業員が帰社し，旅費交通費として¥29,000を払った旨の報告を受け，残額を現金で受け取った。

（17）　出張中の従業員から，内容不明の当座預金への振り込み¥50,000があった。

（18）　出張中の従業員が帰社し，先の当座預金への振込み¥50,000は，取引先からの売掛金の回収額である旨報告を受けた。

問題 2　以下のような仕訳を行うことになる取引を推定しなさい。

(1)	（借）	給	料	900,000	（貸）	所 得 税 預 り 金			88,000
						普 通 預 金			812,000
(2)	（借）	未 収 金		230,000	（貸）	備		品	230,000
(3)	（借）	前 受 金		150,000	（貸）	売		上	750,000
		売 掛 金		600,000					
(4)	（借）	仮 受 金		33,000	（貸）	売	掛	金	33,000
(5)	（借）	旅 費 交 通 費		42,000	（貸）	仮	払	金	40,000
						現		金	2,000

解答・解説

	借方科目	金額	貸方科目	金額
(1)	立 替 金	10,000	現 金	10,000
(2)	従 業 員 立 替 金	3,000	現 金	3,000
(3)	現 金	12,000	従 業 員 預 り 金	12,000
(4)	給 料	100,000	所 得 税 預 り 金	4,000
			普 通 預 金	96,000
(5)	給 料	260,000	所 得 税 預 り 金	8,000
			社 会 保 険 料 預 り 金	9,000
			現 金	243,000
(6)	所 得 税 預 り 金	5,000	現 金	5,000
(7)	未 収 金	180,000	備 品	180,000
(8)	備 品	160,000	未 払 金	160,000
(9)	未 払 金	600,000	当 座 預 金	600,000
(10)	現 金	50,000	未 収 金	50,000
(11)	前 払 金	5,000	現 金	5,000
(12)	普 通 預 金	150,000※	前 受 金	150,000
(13)	前 受 金	50,000	売 上	300,000
	売 掛 金	250,000		
(14)	仕 入	130,000	前 払 金	40,000
			買 掛 金	90,000
(15)	仮 払 金	30,000	現 金	30,000
(16)	旅 費 交 通 費	29,000	仮 払 金	30,000
	現 金	1,000		
(17)	当 座 預 金	50,000	仮 受 金	50,000
(18)	仮 受 金	50,000	売 掛 金	50,000

（ 2 ） 従業員が負担すべき金額を会社が立替支払いした場合には，従業員
に対する債権を従業員立替金勘定，または立替金勘定に計上する。

（ 3 ） 会社は従業員の旅行積立金を預かっただけであるため，従業員に対
する債務を従業員預り金勘定，または預り金勘定に計上する。

（ 4 ） 所得税の源泉徴収額¥4,000は，企業が預かって後に納付するもので

あり、所得税預り金勘定で処理する。費用である給料￥100,000から源泉徴収額を差し引いた￥96,000が従業員に支払われる。

（5） 社会保険料を預かった際には、社会保険料預り金勘定で処理する。

（6） 源泉所得税の納付時には、費用勘定である租税公課ではなく、負債勘定である所得税預り金勘定で処理する。

（11） 手付金を支払った際には、債権（商品を受け取る権利）である前払金勘定、または支払手付金勘定で処理する。

（12） 予約販売に際し、予約金を受け取った場合には、まだ売上計上できないため、前受金勘定で処理する。※300個×@￥500＝￥150,000

（13） 売上代金の受取りを、手付金の充当（前受金勘定または受取手付金勘定）￥50,000と掛け（売掛金勘定）￥250,000に分けて計上する。

（14） 商品代金の支払いを、内金の充当（前払金勘定）￥40,000と掛け（買掛金勘定）￥90,000に分けて計上する。

問題 2 ....

（1） 従業員への給料￥900,000の支払に際して、所得税の源泉徴収額￥88,000を差し引き、普通預金口座から口座振替で￥812,000を支払った。

（2） 商品棚や業務用パソコンなどの備品を￥230,000で売却し、代金は後日受け取ることにした。

（3） 商品￥750,000を販売し、代金のうち￥150,000は以前受け取っていた内金や手付金を充当し、残額￥600,000は掛けとした。

（4） 内容不明の普通預金や当座預金などへの振込み￥33,000について仮受金で処理していたが、取引先からの売掛金の回収額であることが判明した。

（5） 従業員の出張に際し、旅費交通費の概算額として￥40,000を渡していたが、従業員の帰社後に￥42,000を払ったとの報告を受け、不足額￥2,000を現金で支払った。

07 有価証券
（取得と売却）

Summary

　株式会社の発行する株式や社債，国や地方公共団体が発行する国債や地方債を有価証券といい，**有価証券**勘定（資産）で処理する。

　有価証券の取得時には，**取得原価**をもって有価証券勘定の借方に記入する。なお，購入手数料などの付随費用は購入代価に加算する。

　有価証券の売却時には，売却分の帳簿価額を減少させるとともに，売却した有価証券の帳簿価額と売却価格の差額は**有価証券売却益・有価証券売却損**として計上する。

□□ 問題 1 　次の取引について仕訳しなさい。

（1）　株式会社千葉産業の株式230株を１株につき￥3,240で購入し，その代金は証券会社に対する購入手数料￥8,300とともに当社の普通預金口座から支払った。

（2）　額面総額￥100,000の横浜商事株式会社の社債を額面￥100につき￥96で買い入れ，購入手数料￥3,000とともに現金で支払った。

（3）　保有している埼玉株式会社の株式200株（帳簿価額@￥4,000）を@￥3,800で全株売却し，代金は後日振り込まれることとなった。

（4）　保有している山梨株式会社の株式500株（帳簿価額@￥1,500）を@￥1,700で全株売却し，代金は２営業日後に振り込まれることとなった。

（5）　保有している茨城株式会社の株式1,000株（帳簿価額@￥2,700）のうち50株を@￥2,500で売却し，代金は後日振り込まれることとなった。

（6）　保有している日本国債（帳簿価額￥900,000）を￥905,000で売却し，代金は普通預金口座に振り込まれた。

（7）　保有している栃木工業株式会社の額面総額¥200,000の社債（帳簿価額¥198,000）を，額面¥100につき¥98で売却し，代金は現金で受け取った。

□□　**問題 2**　次の勘定記入から8月31日，10月1日，3月31日の仕訳を推定しなさい。（　　）に入る語句・金額ついても各自推定すること。なお，当社の有価証券の売買代金の決済は，すべて現金によっている。

有　価　証　券

4/1	前 期 繰 越	1,200,000	10/1	諸　　　　　口	（　　　　　）
8/31	（　　　　　）	738,000	3/31	次 期 繰 越	1,282,000
		1,938,000			1,938,000

有価証券売却損

10/1	有 価 証 券	4,000	3/31	損　　　　　益	（　　　　　）

□□　**問題 3**　以下のような仕訳を行うことになる取引を推定しなさい。（　　）に入る金額ついても各自推定すること。

（1）　（借）有　価　証　券　710,000　（貸）普　通　預　金　710,000
（2）　（借）未　　収　　金　284,000　（貸）有　価　証　券　300,000
　　　　　　有価証券売却損（　　　　　）
（3）　（借）普　通　預　金　913,000　（貸）有　価　証　券　836,000
　　　　　　　　　　　　　　　　　　　　　有価証券売却益（　　　　　）

※（1）の取引における有価証券の購入手数料は¥6,600であった。

解答・解説

問題 1

	借方科目	金額	貸方科目	金額
(1)	有　価　証　券	753,500	普　通　預　金	753,500
(2)	有　価　証　券	99,000	現　　　　　金	99,000

(3)	未　収　金	760,000	有　価　証　券		800,000
	有価証券売却損	40,000			
(4)	未　収　金	850,000	有　価　証　券		750,000
			有価証券売却益		100,000
(5)	未　収　金	125,000	有　価　証　券		135,000
	有価証券売却損	10,000			
(6)	普　通　預　金	905,000	有　価　証　券		900,000
			有価証券売却益		5,000
(7)	現　　　　　金	196,000	有　価　証　券		198,000
	有価証券売却損	2,000			

（１）　有価証券取得の仕訳であり，購入手数料は購入代価に加算する。

有価証券の取得原価＝購入代価（230株×@￥3,240）＋購入手数料（付随費用）￥8,300＝￥753,500

（２）　社債などの債券の取得時は，取得原価で有価証券勘定を増加させる。

購入口数＝額面総額￥100,000÷￥100＝1,000口

取得原価＝購入口数1,000口×@￥96＋購入手数料￥3,000＝￥99,000

（３）　売却した有価証券の帳簿価額を減少させるとともに，保有している有価証券の簿価よりも売却代金のほうが小さいため，差額を有価証券売却損として処理する。また，将来の入金は未収金として処理する。

売却した有価証券の帳簿価額＝200株×@￥4,000＝￥800,000

売却代金＝200株×@￥3,800＝￥760,000

有価証券売却損＝帳簿価額￥800,000－売却代金￥760,000＝￥40,000

（４）　保有している有価証券の簿価よりも売却代金のほうが大きいため，差額を有価証券売却益として処理する。2営業日後の入金は未収金となる。

売却した有価証券の帳簿価額＝500株×@￥1,500＝￥750,000

売却代金＝500株×@￥1,700＝￥850,000

有価証券売却益＝売却代金￥850,000－帳簿価額￥750,000＝￥100,000

（５）　保有している有価証券の一部が売却されることもある。

売却した有価証券の帳簿価額＝50株×@￥2,700＝￥135,000

売却代金＝50株×@￥2,500＝￥125,000

有価証券売却損＝帳簿価額￥135,000－売却代金￥125,000＝￥10,000

（６）　日本国債などの債券は，有価証券として処理する。

有価証券売却益＝売却代金￥905,000－帳簿価額￥900,000＝￥5,000

（7） 社債などの債券は，有価証券として処理する。

売却代金＝売却口数2,000口（¥200,000÷¥100）×@¥98＝¥196,000

有価証券売却損＝帳簿価額¥198,000－売却代金¥196,000＝¥2,000

問題 2

	借方科目	金額	貸方科目	金額
8/31	有 価 証 券	738,000	現 金	738,000
10/1	現 金	652,000	有 価 証 券	656,000
	有 価 証 券 売 却 損	4,000		
3/31	損 益	4,000	有 価 証 券 売 却 損	4,000

8/31 決済は全て現金によっているため，有価証券の現金取得の仕訳となる。

10/1 有価証券の現金売却の仕訳となる。また，同日に有価証券売却損¥4,000が計上されているため，借方に仕訳する。

売却した有価証券の帳簿価額＝貸方合計¥1,938,000－次期繰越¥1,282,000＝¥656,000

売却価格＝売却した有価証券の帳簿価額¥656,000－有価証券売却損¥4,000＝¥652,000

3/31 決算日である3/31には，利益計算のために収益および費用が損益勘定に振り替えられる。本問では，費用である有価証券評価損を損益勘定に振り替える仕訳となる。また，金額は借方合計¥4,000と同額になる。

問題 3

（1） 株式や社債などの有価証券¥703,400（¥710,000－¥6,600）を，証券会社に対する購入手数料¥6,600とともに普通預金口座から支払った。

（2） 保有している株式や社債などの有価証券¥300,000を売却し，代金¥284,000が後日支払われた。その際，有価証券売却損が¥16,000（¥300,000－¥284,000）発生した。

（3） 保有している株式や社債などの有価証券¥836,000を売却し，代金¥913,000が普通預金口座に入金された。その際，有価証券売却益が¥77,000（¥913,000－¥836,000）発生した。

08 商品売買
（売上原価対立法と三分法）

Summary

1 売上原価対立法（販売のつど売上原価に振り替える方法）では商品
¥200を掛けで仕入れ，その後，この商品を¥300で販売し，代金は掛け
とした場合，次のように仕訳する。

仕 入 時	（借） 商　　　　品	200	（貸） 買　掛　金	200
販 売 時	（借） 売　掛　金	300	（貸） 売　　　上	300
	（借） 売 上 原 価	200	（貸） 商　　　品	200

2 三分法では，商品¥200を掛けで仕入れ，その後，この商品を¥300
で販売し，代金は掛けとした場合，次のように仕訳する。

仕 入 時	（借） 仕　　　入	200	（貸） 買　掛　金	200
販 売 時	（借） 売　掛　金	300	（貸） 売　　　上	300

3 返品時は，仕入れた際の仕訳を取り消す仕訳を行う。

4 商品売買に係る配送費用や梱包料といった諸掛りは，当店負担か，取引
先負担かなど問題の指示に合わせて仕訳する。たとえば，商品¥150を掛
で仕入れ，仕入先負担の配送料¥20を現金で支払い，商品代金から差し引
いて支払うこととした場合，次の仕訳となる。

（借） 仕　　　入	150	（貸） 買　掛　金	130
		現　　　金	20

□□ **問題 1** 次の取引について売上原価対立法で仕訳しなさい。

（1） 東京商事より商品¥52,800を掛けで仕入れた。

（2） 東京商事に商品¥15,300を返品し，代金は買掛金と相殺した。

（3） 千葉商事に商品¥35,000（原価）を¥56,500で売り上げ，代金は掛け

とした。

（4）　千葉商事から商品（売価¥2,100，原価¥1,400）が返品され，代金は売掛金と相殺した。

□□　**問題 2**　**問題 1**　の取引について三分法で仕訳しなさい。

□□　**問題 3**　次の取引について三分法で仕訳しなさい。

（1）　埼玉商事より商品¥24,500を仕入れ，代金は掛けとした。なお，当店負担の配送費用¥500は現金で支払った。

（2）　神奈川商事に商品¥62,400を売り上げ，代金の半分は小切手で受け取り，残額は月末に受け取ることにした。なお，当店負担の梱包費用¥800は現金で支払った。

（3）　千葉商店に商品¥234,000を販売し，代金は掛けとした。なお，当店が負担する配送運賃¥2,500を現金で支払った。

□□　**問題 4**　次の取引について仕訳しなさい。特に断りがない限り，三分法で処理すること。

（1）　東京商事よりA商品¥965,000を仕入れ，代金のうち¥350,000は以前に支払った手付金を充当し，残額は掛けとした。

（2）　茨城商店へ商品¥347,000を販売し，代金のうち¥40,000はすでに受け取っている内金を充当し，残額は同店振出の小切手で受け取った。

（3）　千葉商事にB商品30個（原価@¥4,000，売価@¥5,500）を販売し，代金のうち¥110,000は同店振り出しの小切手で受け取り，残額は掛けとした。なお，商品売買取引は売上原価対立法で処理する。

（4）　埼玉商店にC商品40個（原価@¥1,600，売価@¥2,100）を販売し，代金のうち¥30,000はすでに受け取っている内金を充当し，残額は掛けとした。なお，商品売買取引は，売上原価対立法で処理する。

以下のような仕訳を行うことになる取引を推定しなさい。

(1)	(借)	前 受 金	12,000	(貸)	売			上	120,000
		売 掛 金	108,000						
(2)	(借)	売 掛 金	245,000	(貸)	売			上	245,000
	(借)	発 送 費	750	(貸)	現			金	750
(3)	(借)	売 上	3,000	(貸)	売	掛		金	3,000
	(借)	商 品	2,400	(貸)	売	上	原	価	2,400
(4)	(借)	仕 入	245,000	(貸)	買	掛		金	244,250
					現			金	750

※なお，（4）の現金支払額は，仕入先負担の送料である。

解答・解説

問 題 1

	借方科目	金額	貸方科目	金額
(1)	商 品	52,800	買 掛 金	52,800
(2)	買 掛 金	15,300	商 品	15,300
(3)	売 掛 金	56,500	売 上	56,500
	売 上 原 価	35,000	商 品	35,000
(4)	売 上	2,100	売 掛 金	2,100
	商 品	1,400	売 上 原 価	1,400

（4） 返品時には，販売時に計上された売上と売上原価が取り消される。

問 題 2

	借方科目	金額	貸方科目	金額
(1)	仕 入	52,800	買 掛 金	52,800
(2)	買 掛 金	15,300	仕 入	15,300
(3)	売 掛 金	56,500	売 上	56,500
(4)	売 上	2,100	売 掛 金	2,100

	借方科目	金額	貸方科目	金額
(1)	仕　　　　　入	25,000	買　　掛　　金	24,500
			現　　　　　金	500
(2)	現　　　　　金	31,200	売　　　　　上	62,400
	売　　掛　　金	31,200		
	発　　送　　費	800	現　　　　　金	800
(3)	売　　掛　　金	234,000	売　　　　　上	234,000
	発　　送　　費	2,500	現　　　　　金	2,500

	借方科目	金額	貸方科目	金額
(1)	仕　　　　　入	965,000	前　　払　　金	350,000
			買　　掛　　金	615,000
(2)	前　　受　　金	40,000	売　　　　　上	347,000
	現　　　　　金	307,000		
(3)	現　　　　　金	110,000	売　　　　　上	165,000
	売　　掛　　金	55,000		
	売　上　原　価	120,000	商　　　　　品	120,000
(4)	前　　受　　金	30,000	売　　　　　上	84,000
	売　　掛　　金	54,000		
	売　上　原　価	64,000	商　　　　　品	64,000

（1）　三分法によっており，商品￥120,000を販売し，代金の一部￥12,000は内金（前受金）と相殺し，残額を掛けとした。

（2）　三分法によっており，商品￥245,000を掛けで販売し，販売者が負担する発送費用￥750を現金で支払った。

（3）　売上原価対立法によっており，売価￥3,000，原価￥2,400の商品が返品され，掛代金を減額した。

（4）　三分法によっており，商品245,000円を掛けで仕入れ，仕入先負担の送料750円を現金で支払ったが，当該送料は商品代金と相殺した。

09

商品売買
（売上帳と仕入帳）

Summary

売上帳の記入例は次のとおりである。

売　上　帳

日 付		摘　　要		内　訳	金　額
4	1	東京商事	掛		
		A商品　5個　@¥1,000		5,000	
		B商品　10個　@¥900		9,000	14,000
	20	**東京商事**	**掛返品**		
		B商品　1個　@¥900			**900**
	30		総　売　上　高		14,000
	〃		**売　上　戻　り　高**		**900**
	〃		純　売　上　高		13,100

□□ 問題 1　次の取引を売上帳に記入し，締切りなさい。

4月5日　東京商事に次の商品を売り上げ，代金は掛けとした。

A商品　50個　@¥3,000　¥150,000

B商品　40個　@¥3,500　¥140,000

10日　神奈川商事に次の商品を売り上げ，代金は掛けとした。

C商品　20個　@¥4,500　¥90,000

15日　神奈川商事に対して10日に売り渡した商品の中に品違いがあったため返品された。代金は売掛金から差し引くこととした。

C商品　4個　@¥4,500　¥18,000

26日　埼玉商事に次の商品を売り上げ，代金は掛けとした。

D商品　10個　@¥6,000　¥60,000

E商品　15個　@¥5,500　¥82,500

□□ **問題 2** 次の取引を仕入帳に記入し，締切りなさい。

5月3日 東京商事から次の商品を仕入れ，代金は掛けとした。

F商品　20個　@¥5,000　¥100,000

G商品　10個　@¥4,800　¥48,000

11日 千葉商事より次の商品を仕入れ，代金は掛けとした。

S商品　50個　@¥1,800　¥90,000

12日 千葉商事より仕入れた商品のうち，一部が破損していたため，これを返品し，代金は買掛金から差し引くこととした。

S商品　5個　@¥1,800　¥9,000

25日 神奈川商事より次の商品を仕入れ，代金は現金で支払った。

X商品　10個　@¥3,500　¥35,000

□□ **問題 3** 次の取引を三分法で仕訳し，仕入帳に記入し，締切りなさい。

9月2日 宮城商事から次の商品を仕入れ，代金は掛けとした。

S商品　15個　@¥4,200　¥63,000

X商品　12個　@¥4,500　¥54,000

3日 2日に仕入れたS商品2個につき，品違いのために返品し，掛代金から差し引いた。

22日 秋田商事から次の商品を仕入れ，代金は掛けとした。
なお，当店が負担する運送料¥5,000は現金で支払った。

X商品　25個　@¥4,600　¥115,000

□□ **問題 4** 次の勘定記入から，10月の総仕入高，純仕入高，総売上高，純売上高を求めなさい。

仕	入			売	上		
10/ 4 買 掛 金	45,000	10/10 買 掛 金	3,500	10/21 売 掛 金	4,000	10/ 8 現　　金	150,000
9 諸　口	52,500	19 買 掛 金	7,800			11 売 掛 金	84,000
14 当 座 預 金	23,000					16 諸　口	132,000
18 買 掛 金	78,000					20 売 掛 金	120,000
23 諸　口	64,200						

問題 1

売 上 帳

日	付	摘　　　要		内訳	金額
4	5	東京商事	掛		
		A商品　50個　@¥3,000		150,000	
		B商品　40個　@¥3,500		140,000	290,000
	10	神奈川商事	掛		
		C商品　20個　@¥4,500			90,000
	15	**神奈川商事**	**掛返品**		
		C商品　4個　@¥4,500			**18,000**
	26	埼玉商事	掛		
		D商品　10個　@¥6,000		60,000	
		E商品　15個　@¥5,500		82,500	142,500
	30	総　売　上　高			522,500
	〃	**売　上　戻　り　高**			**18,000**
	〃	純　売　上　高			504,500

問題 2

仕 入 帳

日	付	摘　　　要		内訳	金額
5	3	東京商事	掛		
		F商品　20個　@¥5,000		100,000	
		G商品　10個　@¥4,800		48,000	148,000
	11	千葉商事	掛		
		S商品　50個　@¥1,800			90,000
	12	**千葉商事**	**掛返品**		
		S商品　5個　@¥1,800			**9,000**
	25	神奈川商事	現金		
		X商品　10個　@¥3,500			35,000
	31	総　仕　入　高			273,000
	〃	**仕　入　戻　し　高**			**9,000**
	〃	純　仕　入　高			264,000

	借方科目	金額	貸方科目	金額
9/2	仕 入	117,000	買 掛 金	117,000
3	買 掛 金	8,400	仕 入	8,400
22	仕 入	120,000	買 掛 金	115,000
			現 金	5,000

仕 入 帳

日 付	摘 要	内訳	金額
9 2	宮城商事 掛		
	S商品 15個 @¥4,200	63,000	
	X商品 12個 @¥4,500	54,000	117,000
3	**宮城商事 掛返品**		
	S商品 2個 @¥4,200		**8,400**
22	秋田商事 掛・現金		
	X商品 25個 @¥4,600	115,000	
	運送料(現金払い)	5,000	120,000
30	総 仕 入 高		237,000
〃	**仕 入 戻 し 高**		**8,400**
〃	純 仕 入 高		228,600

9月22日の運送料も仕入勘定の金額に含まれるので，仕入帳に記入する。商品代金は掛取引だが，運送料は現金取引なので，注意する。

総仕入高	純仕入高	総売上高	純売上高
¥ 262,700	¥ 251,400	¥ 486,000	¥ 482,000

・純仕入高＝総仕入高－仕入戻し高
・純売上高＝総売上高－売上戻り高

10 商品売買
（売掛金元帳と買掛金元帳）

Summary

　売掛金元帳（得意先元帳）・買掛金元帳（仕入先元帳）は，得意先または仕入先ごとの売掛金または買掛金の増減を示す帳簿である。

売 掛 金 元 帳
A 商 店

日付		摘　要	借　方	貸　方	借／貸	残　高
4	1	前 月 繰 越	300		借	300
	5	掛　　売　　上	800		〃	1,100
	15	返　　　　品		100	〃	1,000
	30	売 掛 金 の 回 収		800	〃	200
	〃	次 月 繰 越		**200**		
			1,100	1,100		
5	1	前 月 繰 越	200		借	200

□□ 問題 1　次の取引を売掛金元帳（東京商事）に記入し，帳簿を締切りなさい。なお，売掛金の前月繰越は¥200,000（内訳：東京商事¥130,000，千葉商事¥70,000）である。

4月5日　東京商事に商品¥75,000を販売し，代金は掛けとした。

　　15日　先の4月5日に東京商事に売り上げた商品の一部に破損があり，¥20,000が返品された。代金は同店に対する売掛金から差し引いた。

　　25日　東京商事に商品¥50,000，千葉商事に商品¥55,000をそれぞれ売り渡し，代金は掛けとした。

　　30日　東京商事に対する売掛金¥200,000，千葉商事に対する売掛金¥50,000をそれぞれ現金で回収した。

□□ 問題 **2** 次の取引を買掛金元帳（神奈川商事）に記入し，帳簿を締切りなさい。買掛金の前月繰越は¥130,000（内訳：埼玉商事¥90,000，神奈川商事¥40,000）である。

5月10日 神奈川商事より商品¥125,000を仕入れ，代金は掛けとした。

15日 先の5月10日に神奈川商事から仕入れた商品のうち，破損のため¥15,000を返品し，代金を買掛金から差し引くことにした。

25日 神奈川商事より商品¥35,000を仕入れ，代金は掛けとした。

30日 神奈川商事に対する買掛金¥150,000を現金で支払った。

□□ 問題 **3** 次の取引を売掛金勘定に転記するとともに，売掛金元帳（群馬商事・栃木商事）に記入し，帳簿を締切りなさい。なお，売掛金の前月繰越は¥95,000（内訳：群馬商事¥58,000，栃木商事¥37,000）である。

9月6日 群馬商事に商品¥25,000を販売し，代金は掛けとした。

9日 栃木商事に商品¥15,000を販売し，代金は掛けとした。

14日 群馬商事に対する売掛金¥60,000を現金で回収した。

20日 先の9月9日に栃木商事に販売した商品の一部に破損があり，¥5,000が返品された。代金は同店に対する売掛金から差し引いた。

解答・解説

問題 **1** ....

売 掛 金 元 帳
東 京 商 事

日付		摘　　要	借　方	貸　方	借/貸	残高
4	1	前 月 繰 越	130,000		借	130,000
	5	掛　売　上	75,000		〃	205,000
	15	売 上 返 品		20,000	〃	185,000
	25	掛　売　上	50,000		〃	235,000
	30	売掛金の回収		200,000	〃	35,000
	〃	次 月 繰 越		**35,000**		
			255,000	255,000		
5	1	前 月 繰 越	35,000		借	35,000

問題 **2** ....

買 掛 金 元 帳
神 奈 川 商 事

日付		摘　　要	借　方	貸　方	借/貸	残高
5	1	前 月 繰 越		40,000	貸	40,000
	10	掛　仕　入		125,000	〃	165,000
	15	仕 入 返 品	15,000		〃	150,000
	25	掛　仕　入		35,000	〃	185,000
	30	買掛金の支払	150,000		〃	35,000
	31	**次 月 繰 越**	**35,000**			
			200,000	200,000		
6	1	前 月 繰 越		35,000	貸	35,000

40

売　掛　金

9/1	前　月　繰　越	95,000	9/14	現　　　　　金	60,000
6	売　　　　　上	25,000	20	売　　　　　上	5,000
9	売　　　　　上	15,000			

売　掛　金　元　帳

群　馬　商　事　　　　　　　　　1

日付		摘　要	借　方	貸　方	借/貸	残高
9	1	前　月　繰　越	58,000		借	58,000
	6	掛　　売　　上	25,000		〃	83,000
	14	売掛金の回収		60,000	〃	23,000
	30	次　月　繰　越		23,000		
			83,000	83,000		
10	1	前　月　繰　越	23,000		借	23,000

栃　木　商　事　　　　　　　　　2

日付		摘　要	借　方	貸　方	借/貸	残高
9	1	前　月　繰　越	37,000		借	37,000
	9	掛　　売　　上	15,000		〃	52,000
	20	売　上　返　品		5,000	〃	47,000
	30	次　月　繰　越		47,000		
			52,000	52,000		
10	1	前　月　繰　越	47,000		借	47,000

　　群馬商事と栃木商事の次月繰越額の合計は，9月末日の売掛金残高と一致する。

学習の記録

売上原価と売上総利益
（仕訳・計算）

Summary

1 売上原価の計算は次のとおりである。

> 売上原価＝期首商品棚卸高＋当期商品仕入高－期末商品棚卸高

　商品売買取引の簿記処理が分記法と売上原価対立法による場合には決算整理仕訳は必要ないが，三分法であれば必要になる。たとえば，期首商品棚卸高￥100，当期仕入高￥600，期末商品棚卸高￥150の場合，売上原価勘定で売上原価を算出するための決算整理仕訳は次のとおりである。

（借）	売 上 原 価	700	（貸）	繰 越 商 品	100
				仕　　　　入	600
（借）	繰 越 商 品	150	（貸）	売 上 原 価	150

　なお，仕入勘定で売上原価を算出するための決算整理仕訳は次のとおりである。

（借）	仕　　　　入	100	（貸）	繰 越 商 品	100
（借）	繰 越 商 品	150	（貸）	仕　　　　入	150

2 売上総利益の計算式は次のとおりである。

> 売上総利益＝売上高－売上原価

1の売上原価の計算式を代入すると，次のように変形できる。

> 売上総利益＝売上高－（期首商品棚卸高＋当期商品仕入高
> 　　　　　　　　　　　－期末商品棚卸高）

□□ **問題 1**　次の資料にもとづいて仕入勘定で売上原価を算出するための仕訳をしなさい。また，当期の売上原価を求めなさい。

期首商品棚卸高　￥23,500　　当期商品仕入高　￥151,000
期末商品棚卸高　￥15,000

□□ **問題 2** 次の資料にもとづいて，売上原価を算定するための仕訳を推定しなさい。また，当期の売上原価を求めなさい。

	仕	入	
諸　　　　　口	173,000	繰 越 商 品	11,500
繰 越 商 品	12,500		

□□ **問題 3** 次の資料にもとづいて仕入勘定で売上原価を算出するための仕訳を示しなさい。また，5月の売上原価を求めなさい。なお，期末商品棚卸高は¥52,000だった。便宜上，会計期間は5月1日から5月31日とする。

仕	入		繰 越 商 品	
5/1 買 掛 金 135,000	5/17 買 掛 金 31,500	5/1 前期繰越 45,000		
15 諸　　口 219,500				

□□ **問題 4** 次の資料にもとづいて，売上原価と売上総利益を計算しなさい。

	期首商品棚卸高	総仕入高	仕入戻し高	期末商品棚卸高	総売上高	売上戻り高
(1)	2,300	16,800	1,100	1,900	25,700	1,200
(2)	28,900	157,300	3,400	16,500	239,200	16,700

□□ **問題 5** 次の資料にもとづいて，（ア）～（エ）にあてはまる金額を計算しなさい。

	期首商品棚卸高	純仕入高	期末商品棚卸高	売上原価	純売上高	売上総利益
(1)	28,000	（ア）	19,500	623,000	750,000	（イ）
(2)	（ウ）	144,000	14,200	158,700	（エ）	37,000

□□ **問題 6** 次の資料により，解答欄の各金額を求めなさい。なお，当期中に損益取引以外の取引によって生じた純資産の変動はない。

期 首 資 産　¥65,000	（うち, 商品¥12,000）	期 首 負 債　¥24,000
期 末 資 産　¥73,000	（うち, 商品¥11,000）	期 末 負 債　¥23,000
純 売 上 高　¥94,300	純 仕 入 高　¥57,800	営 業 費　¥26,500

問題 1

借方科目	金額	貸方科目	金額
仕　　　　　入	23,500	繰　越　商　品	23,500
繰　越　商　品	15,000	仕　　　　　入	15,000

売上原価	¥　159,500

売上原価＝期首商品棚卸高（¥23,500）＋当期商品仕入高（¥151,000）
　　－期末商品棚卸高（¥15,000）

問題 2

借方科目	金額	貸方科目	金額
仕　　　　　入	12,500	繰　越　商　品	12,500
繰　越　商　品	11,500	仕　　　　　入	11,500

売上原価	¥　174,000

売上原価＝期首商品棚卸高（¥12,500）＋当期商品仕入高（¥173,000）
　　－期末商品棚卸高（¥11,500）

問題 3

借方科目	金額	貸方科目	金額
仕　　　　　入	45,000	繰　越　商　品	45,000
繰　越　商　品	52,000	仕　　　　　入	52,000

売上原価	¥　316,000

売上原価＝期首商品棚卸高（¥45,000）＋当期商品仕入高（¥323,000）
　　－期末商品棚卸高（¥52,000）

問題 4 ⋯⋯

	売上原価	売上総利益
(1)	¥　　16,100	¥　　8,400
(2)	¥　166,300	¥　56,200

（1）　売上原価（16,100）＝期首商品棚卸高（2,300）＋純仕入高（16,800）－仕
　　　入戻し高（1,100）－期末商品棚卸高（1,900）
　　　売上総利益（8,400）＝総売上高（25,700）－売上戻り高（1,200）－売上原
　　　価（16,100）
（2）　売上原価（166,300）＝期首商品棚卸高（28,900）＋純仕入高（157,300）－
　　　仕入戻し高（3,400）－期末商品棚卸高（16,500）
　　　売上総利益（56,200）＝総売上高（239,200）－売上戻り高（16,700）－売
　　　上原価（166,300）

問題 5 ⋯⋯

(1)	（ア）純仕入高	（イ）売上総利益
	¥　614,500	¥　127,000
(2)	（ウ）期首商品棚卸高	（エ）純売上高
	¥　28,900	¥　195,700

（ア）　売上原価（623,000）＝期首商品棚卸高（28,000）＋純仕入高（ア）
　　　　－期末商品棚卸高（19,500）
（イ）　売上総利益（イ）＝純売上高（750,000）－売上原価（623,000）
（ウ）　売上原価（158,700）＝期首商品棚卸高（ウ）＋純仕入高（144,000）
　　　　－期末商品棚卸高（14,200）
（エ）　売上総利益（37,000）＝純売上高（エ）－売上原価（158,700）

問題 6 ⋯⋯

期末純資産	売上原価	売上総利益	当期純利益
¥　50,000	¥　58,800	¥　35,500	¥　9,000

期末純資産＝期末資産（73,000）－期末負債（23,000）
売上原価＝期首商品（12,000）＋純仕入高（57,800）－期末商品（11,000）
売上総利益＝純売上高（94,300）－売上原価（58,800）
当期純利益＝売上総利益（35,500）－営業費（26,500）

12 商品売買
（商品有高帳―先入先出法）

Summary

　先入先出法とは，先に仕入れた商品（受入）から順番に売り出していく（払出）と仮定して商品単価を計算する方法である。単価の異なる商品を記録する場合は，次の記入例のとおり，{ を使って区別して記入する。

商 品 有 高 帳
A商品（先入先出法）

日付		摘　要	受　入			払　出			残　高		
			数量	単価	金額	数量	単価	金額	数量	単価	金額
4	1	前月繰越	3	100	300				3	100	300
	5	仕　　入	10	90	900				3	100	300
									10	90	900
	20	売　　上				3	100	300			
						7	90	630	3	90	270
	30	次月繰越				3	90	270			
			13		1,200	13		1,200			
5	1	前月繰越	3	90	270				3	90	270

□□ **問題 1**　次のB商品に関する取引につき，先入先出法によって商品有高帳に記入し，締切りなさい。

4月1日　前月繰越：B商品　6個　@￥3,500

　　5日　東京商事からB商品を@￥4,500で15個仕入れ，代金全額を現金で支払った。

　　25日　神奈川商事にB商品12個を@￥6,500で現金で販売した。

□□ 問題 2 次のC商品に関する資料に基づき，先入先出法によって商品有高帳に記入し，締切りなさい。

売　上　帳

日付		摘　　　　要		金　額
5	5	神奈川商事	掛	
		C商品　　110個　@¥2,100		231,000
	15	埼玉商事	掛返品	
		C商品　　80個　@¥2,100		168,000

仕　入　帳

日付		摘　　　　要		金　額
5	3	東京商事	掛	
		C商品　　100個　@¥1,600		160,000
	10	千葉商事	掛返品	
		C商品　　50個　@¥1,400		70,000

□□ 問題 3 次の取引を三分法で仕訳し，D商品について先入先出法によって商品有高帳に記入し，締切りなさい。また，D商品について9月の売上総利益の計算に関連する表に適切な金額を記入して，完成させなさい。

9月2日　東京商事からD商品を@¥850で60個仕入れ，代金は現金で支払った。

　　5日　神奈川商事にD商品30個を@¥1,200で販売し，代金は現金で受け取った。

　　13日　山梨商店からE商品を@¥500で30個仕入れ，代金は掛けとした。

　　18日　千葉商事からD商品を@¥700で20個を掛けで仕入れた。

　　25日　埼玉商事にD商品50個を@¥1,100で販売し，代金は掛けとした。

解答・解説

問題 **1**

商品有高帳
B 商品

日付		摘 要	受 入			払 出			残 高		
			数量	単価	金額	数量	単価	金額	数量	単価	金額
4	1	前 月 繰 越	6	3,500	21,000				6	3,500	21,000
	5	仕 入	15	4,500	67,500				6	3,500	21,000
									15	4,500	67,500
	25	売 上				6	3,500	21,000			
						6	4,500	27,000	9	4,500	40,500
	30	次 月 繰 越				9	4,500	40,500			
			21		88,500	21		88,500			
5	1	前 月 繰 越	9	4,500	40,500				9	4,500	40,500

問題 **2**

商品有高帳
C 商品

日付		摘 要	受 入			払 出			残 高		
			数量	単価	金額	数量	単価	金額	数量	単価	金額
5	1	前 月 繰 越	60	1,500	90,000				60	1,500	90,000
	3	仕 入	100	1,600	160,000				60	1,500	90,000
									100	1,600	160,000
	5	売 上				60	1,500	90,000			
						50	1,600	80,000	50	1,600	80,000
	10	仕 入	50	1,400	70,000				50	1,600	80,000
									50	1,400	70,000
	15	売 上				50	1,600	80,000			
						30	1,400	42,000	20	1,400	28,000
	31	次 月 繰 越				20	1,400	28,000			
			210		320,000	210		320,000			
6	1	前 月 繰 越	20	1,400	28,000				20	1,400	28,000

払出欄の単価は売上帳の単価（売価）を記帳しないことに注意する。

	借方科目	金額	貸方科目	金額
9/2	仕　　　　入	51,000	現　　　　金	51,000
5	現　　　　金	36,000	売　　　　上	36,000
13	仕　　　　入	15,000	買　　掛　　金	15,000
18	仕　　　　入	14,000	買　　掛　　金	14,000
25	売　　掛　　金	55,000	売　　　　上	55,000

商 品 有 高 帳
D 商 品

日付		摘　要	受　入			払　出			残　高		
			数量	単価	金額	数量	単価	金額	数量	単価	金額
9	1	前 月 繰 越	15	750	11,250				15	750	11,250
	2	仕　　　　入	60	850	51,000				15	750	11,250
									60	850	51,000
	5	売　　　　上				15	750	11,250			
						15	850	12,750	45	850	38,250
	18	仕　　　　入	20	700	14,000				45	850	38,250
									20	700	14,000
	25	売　　　　上				45	850	38,250			
						5	700	3,500	15	700	10,500
	30	次 月 繰 越				15	700	10,500			
			95		76,250	95		76,250			
10	1	前 月 繰 越	15	700	10,500				15	700	10,500

9月の売上原価（D商品）

月 初 商 品 棚 卸 高	11,250
当 　月 　仕 　入 　高	65,000
合　　　　計	76,250
月 末 商 品 棚 卸 高	10,500
差　　　　引	65,750

9月の売上総利益（D商品）

売　　　上　　　高	91,000
売　　上　　原　　価	65,750
売　　上　　総　　利　　益	25,250

売上高は，商品有高帳から判明しないため，問題から算出する。本問の場合には，9月5日と25日の取引（売上勘定）の合計金額となる。

13 貸倒れと貸倒引当金

Summary

1 倒産などの原因で売掛金などが回収できなくなることを**貸倒れ**という。

2 決算時に貸倒れの予想額を見積もって貸倒引当金勘定に計上する。

3 貸倒れが発生したときは，貸倒れになった売掛金を減少させるとともに，貸倒引当金を取り崩す。また，貸倒引当金残高を超える貸倒れが発生したときは，その超過額を貸倒損失勘定の借方に記入する。たとえば，前期の販売によって生じた売掛金¥4,000が回収不能となり，**貸倒引当金**勘定の残高が¥3,000である場合の仕訳は次のとおりである。

| (借) | 貸 倒 引 当 金 | 3,000 | (貸) | 売 掛 金 | 4,000 |
| | 貸 倒 損 失 | 1,000 | | | |

4 当期の販売によって生じた売掛金が貸倒れになった場合は，貸倒損失勘定の借方に記入する。

□□ **問題 1** 以下の取引を仕訳しなさい。

（1） 前期に生じた東京産業株式会社に対する売掛金¥450,000が回収不能となり，全額貸倒引当金で充当する処理を行った。

（2） 当期に生じた神奈川商事株式会社に対する売掛金¥930,000が回収不能となり，全額貸倒処理を行った。

（3） 前期に生じた千葉物産株式会社に対する売掛金¥150,000が回収不能となり，全額貸倒引当金で充当する処理を行った。

（4） 当期に生じた埼玉商事株式会社に対する売掛金¥280,000が回収不能となり，全額貸倒処理した。

（5） 前期の販売によって生じた売掛金¥145,000が回収不能となり，貸倒

引当金で充当した。ただし，貸倒引当金勘定の残高は¥80,000である。
（6）　決算に際し，売掛金について残高¥1,060,000の5.0％の貸倒れを見積もった。差額補充法により処理する。なお，貸倒引当金勘定の残高は¥7,000である。

□□　**問題 2**　以下の各問に答えなさい。

（1）　決算日において売掛金の残高¥2,400,000について貸倒れを見積もったとき，貸倒見積額は¥48,000であった。この場合，期末の売掛金残高に対して何％の貸倒れを見積もったことになるか答えなさい。

（2）　売掛金が回収不能となり，全額貸倒引当金で充当する処理を行った場合，この売掛金は前期，当期，次期のうち，どの会計期間の売上取引から生じたものか答えなさい。

（3）　決算に際し，売掛金について残高¥1,240,000の5.0％の貸倒れを見積もった場合，差額補充法によって計上された貸倒引当金繰入額は¥32,000であった。決算整理前の貸倒引当金勘定の残高を答えなさい。

（4）　次期において貸倒れが予想される場合，決算時にその予想額を見積もって費用計上するときの貸方科目を答えなさい。

□□　**問題 3**　以下のような仕訳を行うことになる取引を推定しなさい。

(1)	(借)	貸 倒 引 当 金	200,000	(貸)	売　　掛　　金	200,000
(2)	(借)	貸 倒 損 失	100,000	(貸)	売　　掛　　金	100,000
(3)	(借)	貸倒引当金繰入	100,000	(貸)	貸 倒 引 当 金	100,000
(4)	(借)	貸 倒 引 当 金	180,000	(貸)	売　　掛　　金	240,000
		貸 倒 損 失	60,000			

□□　**問題 4**　次の勘定記入から1/8と1/10の仕訳を推定しなさい。なお，貸方記入の売掛金は，いずれも前期に生じたものである。

売 掛 金			
1/1 前期繰越　815,000	1/8 貸倒引当金　27,500		
	10 諸　口　11,000		

貸倒引当金			
1/8 売 掛 金　27,500	1/1 前期繰越　32,600		
10 売 掛 金　5,100			

解答・解説

問題 1

	借方科目	金額	貸方科目	金額
(1)	貸 倒 引 当 金	450,000	売　　　掛　　　金	450,000
(2)	貸 倒 損 失	930,000	売　　　掛　　　金	930,000
(3)	貸 倒 引 当 金	150,000	売　　　掛　　　金	150,000
(4)	貸 倒 損 失	280,000	売　　　掛　　　金	280,000
(5)	貸 倒 引 当 金	80,000	売　　　掛　　　金	145,000
	貸 倒 損 失	65,000		
(6)	貸倒引当金繰入	46,000	貸 倒 引 当 金	46,000

（1）　前期に生じた売掛金が貸倒れ（回収不能）となった場合は，貸倒引
　　当金を取り崩して充当する。なぜなら前期に生じた売掛金に対しては，
　　前期末決算において貸倒引当金を設定しているからである。

（2）　当期に生じた売掛金が当期中に貸倒れになった場合は，貸倒損失と
　　して処理する。なぜなら当期に生じた売掛金に対しては，貸倒引当金
　　の設定は行われていないからである。

（5）　前期に生じた売掛金が貸倒れとなった場合，貸倒引当金を取り崩し
　　て充当するが，貸倒額（¥145,000）が貸倒引当金残高（¥80,000）を
　　超えるときは，その超過額は貸倒損失として処理する。

（6）　決算における貸倒引当金設定の問題である。
　　貸倒見積額 = ¥1,060,000（売掛金残高）× 5.0% = ¥53,000
　　貸倒引当金繰入額 = ¥53,000 − ¥7,000（貸倒引当金残高）= ¥46,000

問題 2

(1)	(2)	(3)	(4)
2.0%	前期	¥　30,000	貸倒引当金

（1）　貸倒見積額¥48,000 ÷ 売掛金残高¥2,400,000 × 100 = 2.0%

（2）　貸倒れに際して，貸倒引当金で充当する処理を行えるのは，前期に

52

生じた売掛金に対してだけである。
（3）　貸倒見積額＝¥1,240,000×5.0％＝¥62,000
　　　決算整理前の貸倒引当金＝¥62,000－¥32,000＝¥30,000

問題 3

（1）　前期に生じた売掛金¥200,000が回収不能となり，全額貸倒引当金で充当した。
（2）　当期に生じた売掛金¥100,000が回収不能となり，全額貸倒処理を行った。
別解　貸倒引当金の残高がゼロの場合，前期に発生した売掛金の貸倒処理を行った。
（3）　決算に際し，¥100,000の貸倒引当金を設定した。
（4）　前期の販売によって生じた売掛金¥240,000が回収不能となり，貸倒引当金で充当するが，貸倒引当金勘定の残高は¥180,000であった。
別解　前期の販売によって生じた売掛金¥180,000円と当期の販売によって生じた売掛金¥60,000を貸倒処理した。なお，貸倒引当金の残高は¥180,000円以上であった。

問題 4

	借方科目	金額	貸方科目	金額
1/ 8	貸 倒 引 当 金	27,500	売　　掛　　金	27,500
10	貸 倒 引 当 金	5,100	売　　掛　　金	11,000
	貸 倒 損 失	5,900		

　1/10に記入されている売掛金の金額と貸倒引当金の金額が一致していないが，貸倒引当金の残高がゼロになっていることと，売掛金の摘要（相手勘定）が諸口になっていることを考慮して，貸倒引当金で充当できずに損失が生じた，と推定する。

14 固定資産

Summary

1 企業が長期にわたり使用する目的で保有する資産を**固定資産**といい，建物や備品，車両運搬具，土地などがある。

2 固定資産の取得原価は次のように計算する。
取得原価＝買入価額＋付随費用（買入手数料・引取運賃・据付費など）

3 土地を除く固定資産は，使用や時の経過により価値が減少するため，決算日に**減価償却費**を計上し，同時に固定資産を同額減少させる（直接法）。

（借）	減 価 償 却 費	×××	（貸）	備 品	×××

4 減価償却費は，**定額法**によって計算する。計算式は次のとおりである。

$$減価償却費 = \frac{取得原価 - 残存価額}{耐用年数}$$

5 固定資産台帳

固定資産については，その取得・売却・減価償却などに関する明細を種類別に記録する補助簿として**固定資産台帳**が用いられる。

□□ **問 題 1** 以下の取引を仕訳しなさい。

（1） 事務用PC¥1,200,000を購入し，その代金は配送料・据付費などの諸費用¥80,000とともに小切手を振り出して支払った。

（2） 商品陳列用の什器¥2,400,000を購入し，その代金は配送料・据付費などの諸費用¥100,000とともに普通預金口座から振り込んだ。

（3） 建物のドアおよび窓を修理した支出¥70,000を修繕費として処理し，代金は現金で支払った。

（4） 商品運搬用のトラックを¥3,000,000で購入し，その代金は納車費用

などの諸費用￥100,000とともに小切手を振り出して支払った。

（5）　事務処理用としてパソコン￥1,200,000を購入し，その代金は配送料などの諸費用￥40,000とともに小切手を振り出して支払った。

（6）　当期首に購入し，直ちに使用に供した備品￥700,000（取得原価）について減価償却を行った。定額法により減価償却費の計算を行い，直接法により記帳している。耐用年数は5年，残存価額はゼロと見積もられている。

（7）　新社屋建設用の土地￥8,000,000を購入し，代金は月末に支払うことにした。なお，この取引に要した登記費用￥160,000は現金で支払った。

□□ 問題 2 　Ｘ1年4月1日に備品￥500,000を購入し，決算日（3月31日）に定額法によって減価償却費を計算して記帳している場合，次の固定資産台帳の（　　　）に必要な記入を行いなさい。

固 定 資 産 台 帳

種　　　類	備　品	取 得 原 価	￥500,000
取得年月日	X1年4月1日	耐 用 年 数	4年
償 却 方 法	定額法	残 存 価 額	ゼロ

年	月	日	摘　　　要	取得原価	減価償却費	未償却残高
X1	4	1	購　　　　入	（　　　　　）		（　　　　　）
X2	3	31	減 価 償 却 費		125,000	375,000
X3	3	31	減 価 償 却 費		（　　　　　）	（　　　　　）

□□ 問題 3 　　下記の備品について減価償却費を定額法で計算し，解答用紙の備品勘定に直接法によって記入して締め切りなさい。ただし，決算日は12月31日とし，備品取得後1回目の決算について示すこと。

　　取得原価￥600,000　　　残存価額ゼロ　　　耐用年数5年

□□ 問題 4 　Ｘ1年4月1日に備品￥280,000を購入し，決算日（3月31日）に定額法（耐用年数4年，残存価額ゼロ）によって減価償却費を計算して記帳している場合，解答欄の各期末の減価償却費とこの備品の貸借対照表計上額を答えなさい。

解答・解説

	借方科目	金額	貸方科目	金額
(1)	備　　　　品	1,280,000	当 座 預 金	1,280,000
(2)	備　　　　品	2,500,000	普 通 預 金	2,500,000
(3)	修　　繕　　費	70,000	現　　　　金	70,000
(4)	車 両 運 搬 具	3,100,000	当 座 預 金	3,100,000
(5)	備　　　　品	1,240,000	当 座 預 金	1,240,000
(6)	減 価 償 却 費	140,000	備　　　　品	140,000
(7)	土　　　　地	8,160,000	未　払　金	8,000,000
			現　　　　金	160,000

（1）　事務用PCは備品として処理し，配送料・据付費などの諸費用
　　　¥80,000は取得原価に含める。

　　　¥1,280,000 = ¥1,200,000（買入価額）＋¥80,000（付随費用）

（2）　商品陳列用の什器（じゅうき）は備品として処理し，配送料・据付
　　　費などの諸費用¥100,000は取得原価に含める。

　　　¥2,500,000 = ¥2,400,000（買入価額）＋¥100,000（付随費用）

（3）　建物や備品，車両運搬具などの固定資産を修理するための支出は，修
　　　繕費として処理する。

（4）　商品運搬用トラックは車両運搬具として処理し，納車費用などの諸
　　　費用¥100,000は取得原価に含める。

　　　¥3,100,000 = ¥3,000,000（買入価額）＋¥100,000（付随費用）

（5）　¥1,240,000 = ¥1,200,000（買入価額）＋¥40,000（付随費用）

（6）　¥140,000 = （¥700,000 − ¥0）÷ 5年

固定資産台帳

種　　類	備　品	取 得 原 価	￥500,000
取得年月日	X1年4月1日	耐 用 年 数	4年
償 却 方 法	定額法	残 存 価 額	ゼロ

年	月	日	摘要	取得原価	減価償却費	未償却残高
X1	4	1	購　　　入	(　500,000)		(　500,000)
X2	3	31	減 価 償 却 費		125,000	375,000
X3	3	31	減 価 償 却 費		(　125,000)	(　250,000)

　X１年４月１日（取得日）の行には取得原価は購入価額の￥500,000を記入する。減価償却はしていないので未償却残高も￥500,000と記入する。

　X２年３月31日（決算日）の行には，取得してから１年後に計上される減価償却費￥125,000を記入する。

　X３年３月31日（決算日）の行には，定額法なので，この年度の減価償却費も前年度と同じ￥125,000を記入し，未償却残高は前年度の未償却残高￥375,000から当年度の減価償却費￥125,000を控除して￥250,000となる。

備　　　品

1/10　当 座 預 金	600,000	(12/31)（減 価 償 却 費）(　120,000)	
		(　〃　）次 期 繰 越 (　**480,000**)	
(　600,000)		(　600,000)	

＊　減価償却費￥120,000＝（￥600,000－￥0）÷５年

	X1年度	X2年度	X3年度	X4年度
減 価 償 却 費	￥70,000	￥70,000	￥70,000	￥70,000
貸借対照表計上額	￥210,000	￥140,000	￥70,000	￥0

15 収益と費用

Summary

1 収益には，売上，受取利息，雑収入などがある。

2 費用には，仕入，売上原価，給料，交際費，支払手数料，租税公課，交通費，通信費，修繕費，保険料，支払家賃，雑費，支払利息，雑損などがある。

3 利息は，元金×年利率＝１年分の利息の計算式で求める。

4 交際費とは取引先などに対する接待や贈答などの支出をいう。

□□ **問題 1** 以下の取引を仕訳しなさい。

（1） 本日，定期預金¥2,000,000が満期日となり，定期預金口座から¥2,000,000とあわせて満期利息額¥2,000が普通預金口座に振り替えられた。

（2） 北海道商事株式会社から¥300,000を借り入れ，借用証書を作成して渡した。ただし，利息¥9,000を差し引かれ，残額が当座預金口座に振り込まれた。

（3） 商品売買の仲介をしてもらった青森物産株式会社に対して手数料¥400,000を現金で支払った。

（4） 新商品の展示会に招待した得意先に渡すための手土産代¥50,000を交際費として処理し，代金は現金で支払った。

（5） 古新聞などの不用品の売却代金¥4,000を現金で受け取り，雑収入として処理した。

（6） 得意先岩手商事へ，貸付期間１年，利率年3.0％の条件で¥800,000を貸付け，向こう１年分の利息を差し引いた残額を小切手を振り出して

支払った。

（ 7 ）　本日，普通預金口座に普通預金の利息￥500が入金された。

（ 8 ）　本日，定期預金（ 6 カ月満期）￥4,000,000が満期となり，定期預金
　　　　口座から￥4,000,000とほかに満期利息額￥400が普通預金口座に振り替
　　　　えられた。

（ 9 ）　秋田産業株式会社から借入期間 6 カ月，利率年4.0％の条件で
　　　　￥700,000を借り入れていたが，本日，返済日となり，借入期間 6 カ月
　　　　分の利息とともに現金で支払った。

（10）　宮城商事株式会社に貸し付けていた￥1,000,000の返済を受け，その
　　　　利息￥20,000とともに現金で受け取った。

（11）　東京保険社と建物の火災保険（ 1 年分）の契約を結び，保険料
　　　　￥192,000は小切手を振り出して支払った。

（12）　福島文具から事務用コピー用紙￥10,000とコピー機トナー￥34,800を
　　　　購入し，代金は現金で支払った。

（13）　郵便局で郵便切手￥17,800分とはがき￥6,300分を購入し，代金は現
　　　　金で支払った。

（14）　広告料￥120,000を普通預金口座から銀行振込により支払った。その
　　　　際，振込手数料￥600が同時に引き落とされた。

（15）　営業活動で使用するバス回数券￥5,400を購入し，代金は現金で支
　　　　払った。

（16）　来客用のお茶￥3,000とお茶菓子￥1,200分を購入し，代金は現金で支
　　　　払った。

□□　問題 2　以下のような仕訳を行うことになる取引を推定しなさい。

(1)	（借）	支 払 手 数 料	200,000	（貸）	現		金	200,000
(2)	（借）	普 通 預 金	901,000	（貸）	定 期 預 金			900,000
					受 取 利 息			1,000
(3)	（借）	当 座 預 金	485,000	（貸）	借	入	金	500,000
		支 払 利 息	15,000					
(4)	（借）	借 入 金	600,000	（貸）	現		金	620,000
		支 払 利 息	20,000					

	(5)	（借）	貸 付 金	700,000	（貸）	当 座 預 金	680,000
						受 取 利 息	20,000
	(6)	（借）	現　　　　金	406,000	（貸）	貸 付 金	400,000
						受 取 利 息	6,000
	(7)	（借）	普 通 預 金	700	（貸）	受 取 利 息	700

解答・解説

問題 1

	借方科目	金額	貸方科目	金額
(1)	普 通 預 金	2,002,000	定 期 預 金	2,000,000
			受 取 利 息	2,000
(2)	当 座 預 金	291,000	借 入 金	300,000
	支 払 利 息	9,000		
(3)	支 払 手 数 料	400,000	現　　　　金	400,000
(4)	交 際 費	50,000	現　　　　金	50,000
(5)	現　　　　金	4,000	雑 収 入	4,000
(6)	貸 付 金	800,000	当 座 預 金	776,000
			受 取 利 息	24,000
(7)	普 通 預 金	500	受 取 利 息	500
(8)	普 通 預 金	4,000,400	定 期 預 金	4,000,000
			受 取 利 息	400
(9)	借 入 金	700,000	現　　　　金	714,000
	支 払 利 息	14,000		
(10)	現　　　　金	1,020,000	貸 付 金	1,000,000
			受 取 利 息	20,000
(11)	保 険 料	192,000	当 座 預 金	192,000
(12)	消 耗 品 費	44,800	現　　　　金	44,800
(13)	通 信 費	24,100	現　　　　金	24,100
(14)	広 告 費	120,000	普 通 預 金	120,600
	支 払 手 数 料	600		
(15)	交 通 費	5,400	現　　　　金	5,400
(16)	雑 費	4,200	現　　　　金	4,200

（1）　定期預金勘定を¥2,000,000減少させ，普通預金勘定を同額増加させ
　　　るとともに，受取利息¥2,000の発生と普通預金¥2,000の増加を記録す
　　　る。

（2）　利息¥9,000は借入時に差し引かれているので支払利息勘定の借方に
　　　計上する。よって，当座預金の入金額は¥291,000（＝¥300,000－
　　　¥9,000）となる。

（3）　仲介をしてもらって支払った手数料は支払手数料勘定で処理する。

（4）　新商品の展示会の手土産代は，取引先などに対する接待や贈答など
　　　の支出に該当するので，交際費勘定で処理する。

（5）　古新聞などの不用品の売却収入は，雑収入勘定で処理する。

（6）　受取利息：　¥800,000　×　3.0％　＝　¥24,000

（7）　普通預金の利息は普通預金に入金されるので普通預金が増加する。

（9）　6ヵ月分の利息¥14,000＝¥700,000×4.0％÷12ヵ月×6ヵ月

問題 2 ....

（1）　手数料¥200,000を現金で支払った。

（2）　定期預金¥900,000が満期日となり，定期預金口座から¥900,000とあ
　　　わせて満期利息額¥1,000が普通預金口座に振り替えられた。

（3）　¥500,000を借り入れた。ただし，利息¥15,000を差し引かれ，残額
　　　が当座預金口座に振り込まれた。

（4）　借入金¥600,000を返済し，利息¥20,000とともに現金で支払った。

（5）　¥700,000を貸付け，利息¥20,000を差し引いた残額を小切手を振り
　　　出して支払った。

（6）　貸付金¥400,000の返済を受け，その利息¥6,000とともに現金で受け
　　　取った。

（7）　普通預金口座に普通預金の利息¥700が入金された。

16 税 金

Summary

1 土地や建物など固定資産の所有者に課せられる税金を**固定資産税**といい，一定額以上の領収書の発行時などに収入印紙を貼付することによって納付する税金を**印紙税**という。

2 固定資産税を支払ったときや収入印紙を購入したときは，**租税公課勘定**で処理する。また，納税通知書を受け取った時点で**未払税金勘定**の貸方に記入する方法もある。

3 仕入のときに支払った消費税額は**仮払消費税勘定**の借方に記入し，販売のときに受け取った消費税額は**仮受消費税勘定**の貸方に記入する。

□□ 問題 **1**　以下の取引を仕訳しなさい。商品売買取引は，特に断りがない限り，三分法で記帳し，消費税を税抜処理すること。

（1）　店舗の土地・建物に対する固定資産税￥120,000を現金で支払った。

（2）　郵便局で切手￥20,000と収入印紙￥30,000を購入し，代金は現金で支払った。

（3）　固定資産税￥130,000の納税通知書を受け取り，後日支払うこととした。

（4）　中部商事株式会社よりA商品￥2,750,000（うち消費税額￥250,000）を仕入れ，代金のうち￥400,000は以前支払っていた手付金を充当し，残額は掛けとした。

（5）　株式会社愛知興業へ商品￥2,640,000（うち消費税額￥240,000）を販売し，代金のうち￥700,000は以前受け取っていた手付金を充当し，残額は株式会社愛知興業振り出しの小切手を受け取った。

（6）　長野産業株式会社よりA商品￥3,740,000（うち消費税額￥340,000）

を仕入れ，代金のうち¥500,000は以前支払っていた内金を充当し，残額は掛けとした。

（7）富山商事株式会社に商品¥3,630,000（うち消費税額¥330,000）を販売し，代金のうち¥600,000は以前受け取っていた内金を充当し，残額は掛けとした。

（8）仕入先岐阜商事株式会社からA商品¥550,000（うち消費税額¥50,000）を仕入れ，代金のうち¥100,000はすでに支払済みの手付金を充当し，残額は掛けとした。

（9）静岡商事株式会社に商品¥3,190,000（うち消費税額¥290,000）を販売し，代金のうち¥400,000は以前受け取っていた手付金を充当し，残額は掛けとした。

（10）山梨物産株式会社に商品¥440,000（うち消費税額¥40,000　原価¥300,000）を販売し，代金のうち¥200,000は甲府商事株式会社振り出しの小切手で受け取り，残額は掛けとした。ただし，当社は商品売買に関して，売上原価対立法で記帳している。

□□ 問題 2　以下のような仕訳を行うことになる取引を推定しなさい。

(1)	(借)	通 信 費	4,000	(貸)	現 金	10,000
		租 税 公 課	6,000			
(2)	(借)	租 税 公 課	100,000	(貸)	未 払 税 金	100,000
(3)	(借)	仕 入	2,400,000	(貸)	買 掛 金	2,460,000
		仮 払 消 費 税	240,000			
(4)	(借)	売 掛 金	5,500,000	(貸)	売 上	5,000,000
					仮 受 消 費 税	500,000
(5)	(借)	売 掛 金	770,000	(貸)	売 上	700,000
					仮 受 消 費 税	70,000
	(借)	売 上 原 価	500,000	(貸)	商 品	500,000
(6)	(借)	仕 入	2,400,000	(貸)	前 払 金	600,000
		仮 受 消 費 税	240,000		買 掛 金	2,040,000
(7)	(借)	前 受 金	1,000,000	(貸)	売 上	5,000,000
		売 掛 金	4,500,000		仮 受 消 費 税	500,000

解答・解説

	借方科目	金額	貸方科目	金額
(1)	租 税 公 課	120,000	現 金	120,000
(2)	通 信 費	20,000	現 金	50,000
	租 税 公 課	30,000		
(3)	租 税 公 課	130,000	未 払 税 金	130,000
(4)	仕 入	2,500,000	前 払 金	400,000
	仮 払 消 費 税	250,000	買 掛 金	2,350,000
(5)	前 受 金	700,000	売 上	2,400,000
	現 金	1,940,000	仮 受 消 費 税	240,000
(6)	仕 入	3,400,000	前 払 金	500,000
	仮 払 消 費 税	340,000	買 掛 金	3,240,000
(7)	前 受 金	600,000	売 上	3,300,000
	売 掛 金	3,030,000	仮 受 消 費 税	330,000
(8)	仕 入	500,000	前 払 金	100,000
	仮 払 消 費 税	50,000	買 掛 金	450,000
(9)	前 受 金	400,000	売 上	2,900,000
	売 掛 金	2,790,000	仮 受 消 費 税	290,000
(10)	現 金	200,000	売 上	400,000
	売 掛 金	240,000	仮 受 消 費 税	40,000
	売 上 原 価	300,000	商 品	300,000

（1） 固定資産税を納付したときは租税公課勘定で処理する。

（2） 郵便切手は通信費勘定で処理し，収入印紙の購入は印紙税の納付にあたるので租税公課勘定で処理する。

（3） 納税通知書の受け取りにより納税義務が発生するので，未払税金勘定の貸方に記入する。

（4） 商品本体の金額¥2,500,000（＝¥2,750,000－¥250,000）を仕入勘定の借方に記入し，消費税¥250,000は仮払消費税勘定の借方に記入する。また，以前支払っていた手付金は前払金勘定の借方に計上されているので，これを貸方に記入して充当の処理を行う。

（ 5 ） 商品本体の金額￥2,400,000（＝￥2,640,000－￥240,000）を売上勘定
の貸方に記入し，消費税￥240,000は仮受消費税勘定の貸方に記入する。
また，以前受け取っていた手付金は前受金勘定の貸方に計上されてい
るので，これを借方に記入して充当の処理を行う。

（10） 本問は，売上原価対立法（販売のつど売上原価勘定に振り替える方
法）をとっているが，消費税に関する処理は，上記（5）（7）（9）
と同様である。

問題 2

（ 1 ） 切手やはがき代など￥4,000と収入印紙代などの税金￥6,000を現金で
支払った。

（ 2 ） 固定資産税など￥100,000の納税通知書を受け取り，後日支払うこと
とした。

（ 3 ） 商品￥2,640,000（うち消費税額￥240,000）を仕入れ，代金は掛けと
した。

（ 4 ） 商品￥5,500,000（うち消費税額￥500,000）を販売し，代金は掛けと
した。

（ 5 ） 商品￥770,000（うち消費税額￥70,000 原価￥500,000）を販売し，代
金は掛けとした。ただし，当社は商品売買に関して，売上原価対立法
（販売のつど売上原価勘定に振り替える方法）で記帳している。

（ 6 ） 商品￥2,640,000（うち消費税額￥240,000）を仕入れ，代金のうち
￥600,000は以前支払っていた内金を充当し，残額は掛けとした。

（ 7 ） 商品￥5,500,000（うち消費税額￥500,000）を販売し，代金のうち
￥1,000,000は以前受け取っていた内金を充当し，残額は掛けとした。

資本金・帳簿締切

Summary

1 株式会社は，発起人が定款を作成し，それに基づいて株式を発行して，出資者（株主）から資金を調達して設立される。設立時の**資本金**は，原則として株主となるものが払い込んだ財産の全額である。たとえば，株式会社設立に際し，株式200株を@¥300で発行し，全額が普通預金口座に払い込まれた場合の仕訳は次のとおりである。

（借）	普 通 預 金	60,000	（貸）	資　本　金	60,000

2 株式会社の純利益は決算により損益勘定で算定され，**繰越利益剰余金勘定**の貸方に振り替えられる。また，純損失の場合は，繰越利益剰余金勘定の借方に振り替えられる。たとえば，決算において当期純利益が¥200と算定された場合の仕訳は次のとおりである。

（借）	損　　　益	200	（貸）	繰越利益剰余金	200

□□ **問題 1** 以下の取引を仕訳しなさい。

（1） 株式会社設立に際し，株式400株を@¥2,000で発行し，全額が普通預金口座に払い込まれた。

（2） 株式会社設立に際し，株式300株を@¥22,000で発行し，全額の払い込みを受け，これを当座預金とした。

（3） 株式会社四国商事の当期決算において，当期純利益が¥4,100,000と算定された。

（4） 株式会社関西興業の当期決算において，当期純損失が¥890,000と算定された。

（5） 株式会社設立に際し，株式600株を@¥1,500で発行し，全額が普通

預金口座に払い込まれた。

（6）　当期決算において，次の収益と費用の各勘定の決算整理後残高を損
　　　　益勘定に振り替えた。

　　　　　売上￥350,000，売上原価￥200,000，給料￥85,000，支払家賃￥25,000

（7）　当期決算において，（6）の損益勘定の残高￥40,000を繰越利益剰余
　　　　金勘定に振り替えた。

□□ **問題 2**　以下の決算日（3月31日）における損益勘定の記録から，当期
純利益を繰越利益剰余金勘定に振り替える仕訳を示し，損益勘定に転記し
て締め切りなさい。

損　　　　益

3/31	仕	入	600,000	3/31	売	上	980,000
〃	広　告　費		100,000	〃	雑　収　入		40,000
〃	雑　　費		70,000				

□□ **問題 3**　以下の勘定記入から3月31日の仕訳を推定しなさい。

繰越利益剰余金

3/31	次　期　繰　越	**654,000**	4/1	前　期　繰　越	600,000
			3/31	損　　益	54,000
		654,000			654,000

□□ **問題 4**　以下のような仕訳を行うことになる取引を推定しなさい。

(1)	（借）	普 通 預 金	3,000,000	（貸）	資 本 金	3,000,000
(2)	（借）	繰越利益剰余金	1,000,000	（貸）	損 益	1,000,000
(3)	（借）	損 益	1,000,000	（貸）	繰越利益剰余金	1,000,000

解答・解説

問題 **1**

	借方科目	金額	貸方科目	金額
(1)	普 通 預 金	800,000	資 本 金	800,000
(2)	当 座 預 金	6,600,000	資 本 金	6,600,000
(3)	損 益	4,100,000	繰越利益剰余金	4,100,000
(4)	繰越利益剰余金	890,000	損 益	890,000
(5)	普 通 預 金	900,000	資 本 金	900,000
(6)	売 上	350,000	損 益	350,000
	損 益	310,000	売 上 原 価	200,000
			給 料	85,000
			支 払 家 賃	25,000
(7)	損 益	40,000	繰越利益剰余金	40,000

（1） 会社設立に際して株式を発行した場合，貸方の資本金の金額は1株の払込価額に発行した株数を乗じて求める。

資本金の額 = @¥2,000×400株 = ¥800,000

（2） 会社設立に際して株式を発行した場合，貸方の資本金の金額は1株の払込価額に発行した株数を乗じて求める。

資本金の額 = @¥22,000×300株 = ¥6,600,000

（3） 決算において当期純利益が算定されたときは，損益勘定から繰越利益剰余金勘定の貸方に振り替える。

（4） 決算において当期純損失が算定されたときは，損益勘定から繰越利益剰余金勘定の借方に振り替える。

（5） 会社設立に際して株式を発行した場合，貸方の資本金の金額は1株の払込価額に発行した株数を乗じて求める。

資本金の額 = @¥1,500×600株 = ¥900,000

（6） 貸方残高の売上勘定は借方に，借方残高の売上原価，給料，支払家賃の各勘定は貸方に記入し，損益勘定に振り替える。

（7） 決算において当期純利益が算定されたときは，損益勘定から繰越利益剰余金勘定の貸方に振り替える。

借方科目	金額	貸方科目	金額
損　　　　　益	250,000	繰 越 利 益 剰 余 金	250,000

損　　　　　益

3/31	仕　　　　　入	600,000	3/31	売　　　　　上	980,000
〃	広　告　費	100,000	〃	雑　収　入	40,000
〃	雑　　　費	70,000			
(〃)	(繰越利益剰余金)	(250,000)			
		(1,020,000)			(1,020,000)

　損益勘定の借方合計は費用総額であり，貸方合計は収益総額である。よって，損益勘定の貸借差額は当期純利益を表す。

　　＊当期純利益￥250,000

　　　　＝（￥980,000＋￥40,000）－（￥600,000＋￥100,000＋￥70,000）

借方科目	金額	貸方科目	金額
損　　　　　益	54,000	繰 越 利 益 剰 余 金	54,000

　繰越利益剰余金勘定の貸方に3月31日の日付で￥54,000の記入があり，相手勘定科目は損益となっている。これは，損益勘定で算定された当期純利益￥54,000が繰越利益剰余金勘定の貸方に振り替えられたことを意味している。したがって，推定される仕訳は上記のとおりである。

（1）　株式会社設立に際し，株式￥3,000,000を発行し，全額が普通預金口座に払い込まれた。

（2）　当期決算において，当期純損失が￥1,000,000と算定された。

（3）　当期決算において，当期純利益が￥1,000,000と算定された。

18

決算整理
〈3・11・13・14の復習〉

Summary

1 三分法における売上原価の算定（仕入勘定で算定する場合）

【例】期首商品棚卸高￥150を繰越商品勘定から仕入勘定に振り替える。

（借）仕 入	150	（貸）繰 越 商 品	150

期末商品棚卸高￥200を仕入勘定から繰越商品勘定に振り替える。

（借）繰 越 商 品	200	（貸）仕 入	200

2 貸倒引当金の設定（差額補充法）

【例】売掛金残高￥1,000の5.0%の貸倒れを見積もる。なお，貸倒引当金残高は￥20であり，差額補充法による。

（借）貸倒引当金繰入	30	（貸）貸 倒 引 当 金	30

貸倒引当金繰入￥30＝貸倒見積額￥1,000×5.0%－貸倒引当金残高￥20

3 減価償却（直接法）

【例】備品（取得原価￥300，残存価額ゼロ，耐用年数6年）について減価償却を行う。

（借）減 価 償 却 費	50	（貸）備 品	50

減価償却費￥50＝（￥300－￥0）÷6年

4 現金過不足の処理

決算手続中に原因が判明した場合は，正しい勘定に計上する。原因が不明なものについては，雑損または雑益として処理する。

【例】残高試算表の現金過不足は，広告費￥90の記帳漏れが原因であると判明した。

（借）広 告 費	90	（貸）現 金 過 不 足	90

□□ 問題 **1** 次の決算整理事項について決算整理仕訳をしなさい。
（1） 当期商品仕入高¥850,000，期首商品棚卸高¥70,000，期末商品棚卸高¥56,000であり，売上原価勘定で売上原価を算定する。
（2） 売掛金残高¥120,000の3.0%の貸倒れを見積もる。なお，貸倒引当金残高は¥2,200であり，差額補充法による。
（3） 備品（取得原価¥250,000，残存価額ゼロ，耐用年数5年）について減価償却を行う。なお，直接法で記帳する。
（4） 残高試算表の現金過不足¥1,800は，通信費¥1,200の記帳漏れが原因であると判明したが，残額は不明なため，雑損とする。

□□ 問題 **2** 次の決算整理事項と解答欄にある勘定を参照して，決算整理仕訳を示し，各勘定に転記しなさい。なお，会計期間は4月1日から3月31日とする。
（1） 売上原価の算定：期末商品棚卸高¥21,100
なお，売上原価は仕入勘定で算定する。
（2） 減価償却：備品（取得原価¥966,000，残存価額ゼロ，耐用年数7年）
なお，直接法で記帳する。

□□ 問題 **3** 示された勘定記入から決算整理仕訳を推定しなさい。なお，会計期間は4月1日から3月31日とする。
（1）

仕 入			
	566,000	3/31 繰越商品	86,000
3/31 繰越商品	72,000		

繰越商品			
4/1 前期繰越	72,000	3/31 仕 入	72,000
3/31 仕 入	86,000		

（2）

減価償却費			
3/31 備 品	108,000		

備 品			
4/1 現 金	504,000	3/31 減価償却費	108,000

□□ 問題 **4** 次の（A）決算整理前残高試算表と（B）決算整理事項にもとづき，決算整理仕訳を行いなさい。

71

(A)

決算整理前残高試算表

勘定科目	借方	貸方
現　　　　　金	550,000	
現 金 過 不 足		7,500
売　　掛　　金	1,600,000	
貸 倒 引 当 金		24,000
繰 越 商 品	350,000	
貸　　付　　金	770,000	
備　　　　　品	900,000	
買　　掛　　金		450,000
借　　入　　金		790,000
資　　本　　金		2,000,000
繰 越 利 益 剰 余 金		318,500
売　　　　　上		3,030,000
仕　　　　　入	2,450,000	
	6,620,000	6,620,000

（B）　決算整理事項

（１）　期末商品棚卸高　￥300,000

（２）　貸倒引当金

　売掛金残高の2.0％の貸倒れを見積もる。差額補充法により処理する。

（３）　備品：減価償却

　備品は当期首に￥900,000で購入し，直ちに使用に供したものである。定額法により減価償却費の計算を行い，直接法により記帳する。耐用年数は５年，残存価額はゼロと見積もられている。

（４）　現金過不足の残高は，原因不明につき，雑益として処理する。

解答・解説

問題 1

	借方科目	金額	貸方科目	金額
（１）	売　上　原　価	920,000	繰　越　商　品	70,000
			仕　　　　　入	850,000
	繰　越　商　品	56,000	売　上　原　価	56,000
（２）	貸倒引当金繰入	1,400	貸 倒 引 当 金	1,400
（３）	減 価 償 却 費	50,000	備　　　　　品	50,000
（４）	通　　信　　費	1,200	現 金 過 不 足	1,800
	雑　　　　　損	600		

（２）　貸倒見積額￥3,600＝￥120,000×3.0％

　　　　貸倒引当金繰入￥1,400＝貸倒見積額￥3,600－貸倒引当金残高￥2,200

（３）　減価償却費￥50,000＝（￥250,000－￥0）÷５年)

	借方科目	金額	貸方科目	金額
(1)	仕　　　　　入	18,000	繰　越　商　品	18,000
	繰　越　商　品	21,100	仕　　　　　入	21,100
(2)	減　価　償　却　費	138,000	備　　　　　品	138,000

仕　　入		
	902,300	3/31 繰越商品　21,100
3/31 繰越商品　18,000		

繰　越　商　品		
4/1 前期繰越　18,000	3/31 仕　　入　18,000	
3/31 仕　　入　21,100		

減価償却費		
3/31 備　　品　138,000		

備　　品		
4/1 現　　金　966,000	3/31 減価償却費　138,000	

	借方科目	金額	貸方科目	金額
(1)	仕　　　　　入	72,000	繰　越　商　品	72,000
	繰　越　商　品	86,000	仕　　　　　入	86,000
(2)	減　価　償　却　費	108,000	備　　　　　品	108,000

	借方科目	金額	貸方科目	金額
(1)	仕　　　　　入	350,000	繰　越　商　品	350,000
	繰　越　商　品	300,000	仕　　　　　入	300,000
(2)	貸倒引当金繰入	8,000	貸　倒　引　当　金	8,000
(3)	減　価　償　却　費	180,000	備　　　　　品	180,000
(4)	現　金　過　不　足	7,500	雑　　　　　益	7,500

（1） 売上原価＝期首商品棚卸高＋当期仕入高－期末商品棚卸高

　　　　¥2,500,000＝¥350,000＋¥2,450,000－¥300,000

（2） 貸倒見積額¥32,000＝¥1,600,000×2.0％

　　　　貸倒引当金繰入¥8,000＝¥32,000－貸倒引当金残高¥24,000

（3） 減価償却費¥180,000＝（¥900,000－¥0）÷5年

（4） 現金過不足は残高試算表の貸方にあり，現金過不足勘定を消去する

　　　　ために借方に現金過不足を記入し，貸方に雑益（収益）を記入する。

19 決算整理
（繰延・見越）

Summary

1 前払費用の処理

【例】支払家賃（費用）の前払高￥400の決算整理仕訳は次のとおりである。

| （借） | 前 払 家 賃 | 400 | （貸） | 支 払 家 賃 | 400 |

前払家賃以外にも，前払地代，前払保険料，前払広告費などがある。

2 未払費用の処理

【例】給料（費用）の未払高￥500の決算整理仕訳は次のとおりである。

| （借） | 給 料 | 500 | （貸） | 未 払 給 料 | 500 |

未払給料以外にも，未払家賃，未払保険料，未払広告費などがある。

3 消耗品費の処理

【例】消耗品の未使用分￥300の決算整理仕訳は次のとおりである。

| （借） | 消 耗 品 | 300 | （貸） | 消 耗 品 費 | 300 |

□□ 問題 **1** 次の取引を仕訳し，保険料勘定については転記しなさい。

4月1日 大阪商店は，1年分（4月1日から翌年3月31日まで）の保険料¥24,000を現金で支払った。

12月31日 決算に際し，大阪商店は保険料の前払高¥3,600を計上した。

□□ 問題 **2** 次の取引を仕訳し，広告費勘定については転記しなさい。

12月1日 神戸商事は，1ヵ月¥18,000で12月と翌年1月の2ヵ月分の広告を依頼した。なお，代金は翌年1月の広告終了後に一括して支払う契約である。

12月31日 決算に際し，神戸商事は広告費（12月分）の未払高¥18,000を計上した。

□□ 問題 **3** 決算にあたり，修正すべき次の事項について必要な仕訳をしなさい。

（1） 家賃の前払高¥49,000

（2） 給料の未払高¥76,000

（3） 消耗品の未使用高¥8,000

（4） 通信費の未払高¥21,000

（5） 広告費の前払高¥61,000

□□ 問題 **4** 決算にあたり，次の決算整理事項にもとづいて必要な仕訳をしなさい。

（1） 消耗品の未使用高¥11,000（消耗品費の勘定残高¥76,000（借方））

（2） 広告費の未払高¥38,000（広告費の勘定残高¥112,000（借方））

（3） 保険料の前払高¥56,000（保険料の勘定残高¥168,000（借方））

（4） 地代の前払高¥13,000（支払地代の勘定残高¥156,000（借方））

（5） 給料の未払高¥82,000（給料の勘定残高¥622,000（借方））

□□ 問題 **5** 問題 **4** の仕訳を各勘定に転記し，各勘定科目について当期の費用の金額を答えなさい。決算日は3月31日とする。

問題 1

	借方科目	金額	貸方科目	金額
4/1	保　険　料	24,000	現　　　　金	24,000
12/31	前 払 保 険 料	3,600	保　険　料	3,600

保　険　料

4/1 現　　　　金	24,000	12/31 前 払 保 険 料	3,600

問題 2

	借方科目	金額	貸方科目	金額
12/1	仕 訳 な し			
12/31	広　告　費	18,000	未 払 広 告 費	18,000

広　告　費

12/31 未 払 広 告 費	18,000		

問題 3

	借方科目	金額	貸方科目	金額
(1)	前 払 家 賃	49,000	支 払 家 賃	49,000
(2)	給　　　料	76,000	未 払 給 料	76,000
(3)	消　耗　品	8,000	消 耗 品 費	8,000
(4)	通　信　費	21,000	未 払 通 信 費	21,000
(5)	前 払 広 告 費	61,000	広　告　費	61,000

問題 4

	借方科目	金額	貸方科目	金額
(1)	消　耗　品	11,000	消 耗 品 費	11,000

（2）	広　告　費	38,000	未 払 広 告 費	38,000
（3）	前 払 保 険 料	56,000	保　険　料	56,000
（4）	前　払　地　代	13,000	支　払　地　代	13,000
（5）	給　　料	82,000	未　払　給　料	82,000

問題 5 ···

（1）	当期の消耗品費	￥　65,000

消 耗 品 費		消 耗 品	
76,000	3/31 消 耗 品　11,000	3/31 消耗品費　11,000	

（2）	当期の広告費	￥　150,000

広 告 費		未 払 広 告 費	
112,000			3/31 広 告 費　38,000
3/31 未払広告費　38,000			

（3）	当期の保険料	￥　112,000

保 険 料		前 払 保 険 料	
168,000	3/31 前払保険料　56,000	3/31 保 険 料　56,000	

（4）	当期の支払地代	￥　143,000

支 払 地 代		前 払 地 代	
156,000	3/31 前払地代　13,000	3/31 支 払 地 代　13,000	

（5）	当期の給料	￥　704,000

給 料		未 払 給 料	
622,000			3/31 給 料　82,000
3/31 未払給料　82,000			

　費用の各勘定残高が当期の費用の金額となる。

20

精算表

Summary

8桁精算表の作成手順は下記のとおりである。

1） 修正記入欄に決算整理事項についての決算整理仕訳を記入する。新たに出てきた勘定科目を追加設定する。借方と貸方の合計金額が一致していることを確かめ，記録の正確性を検証する。

2） 収益および費用に属する科目は損益計算書欄に，資産，負債，資本に関する科目は貸借対照表欄に記入する。その際，残高試算表欄の金額に修正記入欄の同一側の金額を加算，反対側の金額を減算し，それぞれの残高を損益計算書欄と貸借対照表欄に記入する。

3） 損益計算書欄の借方差額は当期純利益（貸方差額は当期純損失）である。その差額を不足側の最終行に記入し，貸借の合計金額を一致させて締め切る。貸借対照表欄の貸方に当期純利益として（当期純損失の時は借方に）同額を記入し，貸借が一致することを確認する。貸借が一致しない場合には誤記入，記入漏れがある。

□□ 問題 1 　修正記入欄が記入されている解答欄の8桁精算表の損益計算書欄と貸借対照表欄を完成させなさい。

□□ 問題 2 　次の決算整理事項に基づき，精算表を完成させなさい。
（1） 期末商品棚卸高￥8,700
（2） 売掛金残高の1.5%の貸倒れを見積もる。差額補充法により処理する。
（3） 備品は当期首に￥76,800で購入し，直ちに使用に供したものである。定額法により減価償却費の計算を行い，直接法により記帳する。耐用年数は8年，残存価額はゼロと見積もられている。

　次の決算整理事項に基づき，精算表を完成させなさい。

（1）　期末商品棚卸高￥23,900

（2）　売掛金残高の5.0%の貸倒れを見積もる。差額補充法により処理する。

（3）　備品は当期首に￥86,520で購入し，直ちに使用に供したものである。
　　　定額法により減価償却費の計算を行い，直接法により記帳する。耐用
　　　年数は7年，残存価額はゼロと見積もられている。

（4）　広告費の未払高￥4,500

（5）　消耗品の未使用高￥2,700

解答・解説

問題 **1** ....

精 算 表

勘定科目		残 高 試 算 表		修 正 記 入		損 益 計 算 書		貸 借 対 照 表	
		借　方	貸　方	借　方	貸　方	借　方	貸　方	借　方	貸　方
資産	現　　　　金	550,000						550,000	
	現 金 過 不 足			＋ 7,500	－ 7,500				
	売　　掛　　金	1,600,000						1,600,000	
	貸 倒 引 当 金			＋ 24,000	＋ 8,000				32,000
	繰 越 商 品	＋ 350,000		＋ 300,000	－ 350,000			300,000	
	貸　　付　　金	770,000						770,000	
	備　　　　品	＋ 900,000			－ 160,000			740,000	
負債	買　　掛　　金		450,000						450,000
	借　　入　　金		790,000						790,000
純資産	資　　本　　金		2,000,000						2,000,000
	繰越利益剰余金		318,500						318,500
収益	売　　　　上		3,030,000				3,030,000		
費用	仕　　　　入	＋2,450,000		＋ 350,000	－ 300,000	2,500,000			
		6,620,000	6,620,000						
	貸倒引当金繰入			8,000		8,000			
	減 価 償 却 費			160,000		160,000			
	雑　　　　益				7,500		7,500		
	当 期 純 利 益					**369,500**			369,500
				825,500	825,500	3,037,500	3,037,500	3,960,000	3,960,000

最終行を除いた縦列合計→　2,668,000　3,037,500　3,960,000　3,590,500

貸借差額→　　369,500　　　　　　　　369,500

精 算 表

勘定科目	残 高 試 算 表		修 正 記 入		損 益 計 算 書		貸 借 対 照 表	
	借 方	貸 方	借 方	貸 方	借 方	貸 方	借 方	貸 方
現 金	76,000						76,000	
売 掛 金	45,000						45,000	
貸 倒 引 当 金		420		255				675
繰 越 商 品	11,000		8,700	11,000			8,700	
貸 付 金	27,100						27,100	
備 品	76,800			9,600			67,200	
買 掛 金		37,500						37,500
資 本 金		150,000						150,000
売 上		489,640				489,640		
仕 入	289,500		11,000	8,700	291,800			
給 料	129,000				129,000			
消 耗 品 費	18,000				18,000			
保 険 料	5,160				5,160			
	677,560	677,560						
貸倒引当金繰入			255		255			
減 価 償 却 費			9,600		9,600			
当 期 純 利 益					**35,825**			35,825
			29,555	29,555	489,640	489,640	224,000	224,000

最終行を除いた縦列合計→ 453,815　489,640　　224,000　188,175

貸借差額→　　35,825　　　　　　　35,825

決算整理仕訳は次のとおりである。

(1)	(借) 仕 入	11,000	(貸) 繰 越 商 品	11,000
	(借) 繰 越 商 品	8,700	(貸) 仕 入	8,700
(2)	(借) 貸倒引当金繰入	255	(貸) 貸 倒 引 当 金	255
(3)	(借) 減 価 償 却 費	9,600	(貸) 備 品	9,600

（2）　貸倒見積額￥675 ＝￥45,000×1.5％

　　　 貸倒引当金繰入￥255 ＝貸倒見積額￥675 －貸倒引当金残高￥420

（3）　減価償却費￥9,600 ＝ （￥76,800 －￥0）÷ 8 年

精 算 表

勘定科目	残 高 試 算 表		修 正 記 入		損 益 計 算 書		貸 借 対 照 表	
	借 方	貸 方	借 方	貸 方	借 方	貸 方	借 方	貸 方
現　　　　　金	68,900						68,900	
当 座 預 金	78,200						78,200	
売 掛 金	69,120						69,120	
貸 倒 引 当 金		1,380		2,076				3,456
繰 越 商 品	28,300		23,900	28,300			23,900	
備　　　　　品	86,520			12,360			74,160	
買 掛 金		51,020						51,020
借 入 金		32,600						32,600
資 本 金		200,000						200,000
繰越利益剰余金		17,420						17,420
売　　　　　上		921,060				921,060		
仕　　　　　入	572,090		28,300	23,900	576,490			
給　　　　　料	261,000				261,000			
広 告 費	27,470		4,500		31,970			
通 信 費	12,480				12,480			
消 耗 品 費	8,930			2,700	6,230			
保 険 料	5,670				5,670			
支 払 利 息	4,800				4,800			
	1,223,480	1,223,480						
貸倒引当金繰入			2,076		2,076			
減 価 償 却 費			12,360		12,360			
未 払 広 告 費				4,500				4,500
消 耗 品			2,700				2,700	
当 期 純 利 益					7,984			7,984
			73,836	73,836	921,060	921,060	316,980	316,980

最終行を除いた縦列合計→ 913,076　921,060　316,980　308,996

貸借差額→ 　　　　7,984　　　　　　　　　　7,984

決算整理仕訳は次のとおりである。

(1)	(借)	仕　　　　　入	28,300	(貸)	繰 越 商 品	28,300
	(借)	繰 越 商 品	23,900	(貸)	仕　　　　　入	23,900
(2)	(借)	貸倒引当金繰入	2,076	(貸)	貸 倒 引 当 金	2,076
(3)	(借)	減 価 償 却 費	12,360	(貸)	備　　　　　品	12,360
(4)	(借)	広 告 費	4,500	(貸)	未 払 広 告 費	4,500
(5)	(借)	消 耗 品	2,700	(貸)	消 耗 品 費	2,700

21 貸借対照表・損益計算書

Summary

簿記の最終的な目的は，一定時点の財政状態と一定期間の経営成績を明らかにすることである。そのために決算報告書が作成され，貸借対照表により**財政状態**が，損益計算書により**経営成績**が示される。

□□ 問題 1 次の決算整理後残高試算表から解答欄の損益計算書と貸借対照表を作成しなさい。

決算整理後残高試算表

借 方	勘 定 科 目	貸 方
1,300,000	現　　　　　金	
1,200,000	売　　掛　　金	
230,000	繰　越　商　品	
480,000	備　　　　　品	
	買　　掛　　金	950,000
	貸 倒 引 当 金	60,000
	資　　本　　金	1,500,000
	繰越利益剰余金	440,000
	売　　　　　上	3,600,000
	受 取 手 数 料	35,000
1,650,000	仕　　　　　入	
812,000	給　　　　　料	
840,000	支　払　家　賃	
42,000	保　　険　　料	
24,000	貸倒引当金繰入	
120,000	減 価 償 却 費	
	未　払　家　賃	120,000
7,000	前 払 保 険 料	
6,705,000		6,705,000

82

□□ 問題 2　次の決算整理後の勘定残高から損益計算書と貸借対照表を作成
しなさい。

＜決算整理後勘定残高＞

現　　　金	¥ 43,900	売　掛　金	¥ 36,300	繰越商品	¥ 7,290
備　　　品	81,000	買　掛　金	32,431	貸倒引当金	1,089
資　本　金	120,000	繰越利益剰余金	9,000	売　　　上	243,800
受取手数料	14,400	仕　　　入	181,500	給　　　料	34,200
支払家賃	18,000	保　険　料	8,020	貸倒引当金繰入	680
減価償却費	9,000	未払給料	2,180	前払地代	3,010

□□ 問題 3　次の決算整理前残高試算表と決算整理事項にもとづいて，損益
計算書と貸借対照表を作成しなさい。

決算整理前残高試算表

借　方	勘定科目	貸　方
117,930	現　　　　金	
34,100	売　掛　金	
16,830	繰越商品	
64,000	備　　　品	
	買　掛　金	16,590
	貸倒引当金	330
	資　本　金	150,000
	繰越利益剰余金	13,400
	売　　　上	718,000
	受取手数料	2,310
452,010	仕　　　入	
184,760	給　　　料	
23,800	支払家賃	
7,200	保　険　料	
900,630		900,630

＜決算整理事項＞

（1）　期末商品棚卸高¥14,280

（2）　貸倒引当金

売掛金残高の2.0%の貸倒れを見積もる。差額補充法により処理する。

（3）　備品：減価償却

備品は当期首に¥64,000で購入し，直ちに使用に供したものである。定額法により減価償却費を計算し，直接法により記帳する。耐用年数は5年，残存価額はゼロと見積もられている。

解答・解説

問題 **1**

損 益 計 算 書

費　用	金　額	収　益	金　額
売 上 原 価	1,650,000	売 上 高	3,600,000
給　　　料	812,000	受 取 手 数 料	35,000
支 払 家 賃	840,000		
保 険 料	42,000		
貸 倒 引 当 金 繰 入	24,000		
減 価 償 却 費	120,000		
当 期 純 利 益	**147,000**		
	3,635,000		3,635,000

貸 借 対 照 表

資　産	金　額	負債および純資産	金　額
現　　　金	1,300,000	買 掛 金	950,000
売 掛 金 (1,200,000)		未 払 費 用	120,000
貸 倒 引 当 金 (60,000)	1,140,000	資 本 金	1,500,000
商　　　品	230,000	繰越利益剰余金*	587,000
前 払 費 用	7,000		
備　　　品	480,000		
	3,157,000		3,157,000

＊繰越利益剰余金＝繰越利益剰余金の残高＋当期純利益

決算整理後残高試算表

借方金額	勘 定 科 目	貸方金額	
1,300,000	現　　　　　　金		資産
1,200,000	売　　　掛　　　金		
230,000	繰　越　商　品		
480,000	備　　　　　　品		
	買　　　掛　　　金	950,000	負債
	貸 倒 引 当 金	60,000	
	資　　　本　　　金	1,500,000	純資産
	繰 越 利 益 剰 余 金	440,000	
	売　　　　　　上	3,600,000	収益
	受 取 手 数 料	35,000	
1,650,000	仕　　　　　　入		
812,000	給　　　　　　料		
840,000	支　払　家　賃		費用
42,000	保　　険　　料		
24,000	貸 倒 引 当 金 繰 入		
120,000	減　価　償　却　費		
	未　払　家　賃	120,000	負債
7,000	前　払　保　険　料		資産
6,705,000		6,705,000	

84

....

損 益 計 算 書

費　用	金　額	収　益	金　額
売　上　原　価	181,500	売　　上　　高	243,800
給　　　　料	34,200	受　取　手　数　料	14,400
支　払　家　賃	18,000		
保　　険　　料	8,020		
貸倒引当金繰入	680		
減　価　償　却　費	9,000		
当　期　純　利　益	**6,800**		
	258,200		258,200

貸 借 対 照 表

資　産	金　額	負債および純資産	金　額
現　　　　　　金	43,900	買　　掛　　金	32,431
売　　掛　　金 (36,300)		未　　払　　費　　用	2,180
貸 倒 引 当 金 (1,089)	35,211	資　　本　　金	120,000
商　　　　　　品	7,290	繰越利益剰余金*	15,800
前　払　費　用	3,010		
備　　　　　　品	81,000		
	170,411		170,411

＊繰越利益剰余金＝繰越利益剰余金の残高＋当期純利益

....

損 益 計 算 書

費　用	金　額	収　益	金　額
売　上　原　価	454,560	売　　上　　高	718,000
給　　　　料	184,760	受　取　手　数　料	2,310
支　払　家　賃	23,800		
保　　険　　料	7,200		
貸倒引当金繰入	352		
減　価　償　却　費	12,800		
当　期　純　利　益	**36,838**		
	720,310		720,310

貸 借 対 照 表

資　産	金　額	負債および純資産	金　額
現　　　　　　金	117,930	買　　掛　　金	16,590
売　　掛　　金 (34,100)		資　　本　　金	150,000
貸 倒 引 当 金 (682)	33,418	繰越利益剰余金*	50,238
商　　　　　　品	14,280		
備　　　　　　品	51,200		
	216,828		216,828

＊繰越利益剰余金＝繰越利益剰余金の残高＋当期純利益

22 貸借対照表と損益計算書の関係

Summary

1 財産法：期末純資産－期首純資産＝当期純利益

2 損益法：収益－費用＝当期純利益

3 貸借対照表と損益計算書のそれぞれで行われる損益計算の結果は**必ず一致**する。

□□　**問題 1**　次の（1）から（3）の空欄（ア）から（カ）にあてはまる金額を計算しなさい。なお，（1）から（3）は互いに関係はなく，それぞれ損益取引以外の取引により生じた純資産の変動はないものとする。

	期首資産	期首負債	期末純資産	総収益	総費用	当期純利益
(1)	（ア）	21,050,000	20,857,800	（イ）	7,630,100	400,800
(2)	29,070,200	（ウ）	18,440,100	9,080,200	（エ）	1,051,900
(3)	62,980,200	39,912,400	（オ）	6,026,300	4,207,000	（カ）

□□ 問題 2　次の資料により（ア）費用，（イ）当期純利益，（ウ）期末純資産（期末資本）の各金額を求めなさい。なお，当期中に損益取引以外の取引により生じた純資産の変動はなく，空欄は各自求めること。

期首貸借対照表

資 産	12,000,000	負 債	7,800,000
		純 資 産 （資 本）（ ）	
	（ ）	（ ）	

損益計算書

費 用 （ ア ）		収 益	21,000,000
当 期 純 利 益 （ イ ）			
（ ）		（ ）	

期末貸借対照表

資 産	13,800,000	負 債	8,230,000
		純 資 産 （資 本）（ ウ ）	
	（ ）	（ ）	

□□ 問題 3　次の資料により，解答欄の各金額を求めなさい。なお，当期中に下記の損益取引以外の取引により生じた純資産の変動はない。

(1)　期首資産　¥308,500　（うち, 商品　¥32,400）　期首負債　¥113,400
　　　期末資産　¥316,800　（うち, 商品　¥35,200）　期末負債　¥101,200
　　　純売上高　¥418,300
　　　純仕入高　¥277,600
　　　売上原価　各自推定

(2)　期首資産　¥629,030　（うち, 商品　¥73,910）　期首負債　¥219,340
　　　期末資産　¥649,170　（うち, 商品　¥63,280）　期末負債　¥220,180
　　　純売上高　¥817,250
　　　純仕入高　¥582,910
　　　売上原価　各自推定

解答・解説

問題 1

(1)	(ア)期首資産	¥41,507,000	(イ)総収益	¥8,030,900
(2)	(ウ)期首負債	¥11,682,000	(エ)総費用	¥8,028,300
(3)	(オ)期末純資産	¥24,887,100	(カ)当期純利益	¥1,819,300

（1）の貸借対照表項目では，当期純利益がわかっているので，期末純資産から当期純利益を控除することで期首純資産を求める。期首純資産がわかれば，（ア）期首資産（＝期首負債＋期首純資産）を計算できる。損益計算書項目では，（イ）総収益は総費用と当期純利益の合計額である。

（2）の貸借対照表項目の期首純資産は，期末純資産から当期純利益を控除することで求める。期首純資産がわかれば，（ウ）期首負債（＝期首資産－期首純資産）を計算できる。損益計算書項目の総費用（エ）は，総収益と当期純利益の差額である。

（3）は当期純利益を求めることから始める。（カ）当期純利益は総収益と総費用の差額で求める。次に貸借対照表項目である。期首資産と期首負債が与えられているので，期首純資産（＝期首資産－期首負債）をまず求める。期首純資産と当期純利益がわかれば，期首純資産に当期純利益を加算することで（オ）期末純資産を計算できる。

問題 2

(ア)	¥ 19,630,000	(イ)	¥ 1,370,000	(ウ)	¥ 5,570,000

貸借対照表等式（資産＝負債＋純資産）と損益計算書等式（費用＋当期純利益＝収益）の関係から，当期純利益の計算方法である財産法（当期純利益＝期末純資産－期首純資産）と損益法（当期純利益＝収益－費用）を用いて空欄を埋めていく。

まず，期首純資産（＝期首資産－期首負債）と（ウ）期末純資産（＝期末資産－期末負債）を求める。期首と期末の純資産額がわかると，財産法により（イ）当期純利益（＝期末純資産－期首純資産）を求められる。最

後に，（ア）費用（＝収益－当期純利益）を計算する。空欄補充問題は，埋められる空欄から解き始める。

問題 3 ··

（1）	期首純資産	売上原価	売上総利益	当期純利益
	¥　195,100	¥　274,800	¥　143,500	¥　20,500

　貸借対照表等式（資産＝負債＋純資産）から期首純資産の金額を求める（期首純資産¥195,100＝期首資産¥308,500－期首負債¥113,400）。売上原価は純仕入高と，期首と期末の商品棚卸高から計算する（売上原価¥274,800＝期首商品棚卸高¥32,400＋純仕入高¥277,600－期末商品棚卸高¥35,200）。売上総利益は，純売上高から売上原価を控除して求める（売上総利益¥143,500＝純売上高¥418,300－売上原価¥274,800）。当期純利益は，期末純資産と期首純資産の差額である（当期純利益¥20,500＝期末純資産¥215,600－期首純資産¥195,100）。

（2）	期末純資産	売上原価	売上総利益	当期純利益
	¥　428,990	¥　593,540	¥　223,710	¥　19,300

　貸借対照表等式（資産＝負債＋純資産）から期末純資産の金額を求める（期末純資産¥428,990＝期末資産¥649,170－期末負債¥220,180）。売上原価は純仕入高と，期首と期末の商品棚卸高から計算する（売上原価¥593,540＝期首商品棚卸高¥73,910＋純仕入高¥582,910－期末商品棚卸高¥63,280）。売上総利益は，純売上高から売上原価を控除して求める（売上総利益¥223,710＝純売上高¥817,250－売上原価¥593,540）。なお，売上総利益の計算にあたって，営業費を考慮する必要はない。当期純利益は，期末純資産から期首純資産を控除して計算する（当期純利益¥19,300＝期末純資産¥428,990－期首純資産¥409,690）。

23 証ひょう

Summary

1 取引の事実を証明する書類等のことを，**証ひょう**という。

2 帳簿記入は，証ひょうが示す客観的事実にもとづいて行われる。

3 代表的な証ひょうは，次のとおりである。

種類	発行される場面	発行者
納　品　書	商品やサービスを納品するとき	商品等を納品する側
請　求　書	代金の支払いを依頼するとき	支払いを依頼する側
領　収　書	代金の支払いが行われたとき	支払いを受けた側
当座勘定照合表	当座預金の入出金状況を確認するとき	金融機関

　たとえば，（1）商品の掛けによる仕入れとともに納品書を受け取った場合，（2）商品の掛けによる販売とともに請求書を発行した場合，（3）備品の現金払いでの購入とともに領収書を受け取った場合，あるいは（4）当座勘定照合表により買掛金の決済が確認された場合，証ひょうが示す金額にもとづき，次のような仕訳が行われる。

(1)	(借)	仕	入	×××	(貸)	買 掛 金		×××
(2)	(借)	売 掛 金		×××	(貸)	売	上	×××
(3)	(借)	備 品		×××	(貸)	現	金	×××
(4)	(借)	買 掛 金		×××	(貸)	当 座 預 金		×××

□□ 問題　次の各証ひょうにもとづいて，必要な仕訳を示しなさい。商品売買については，三分法で処理すること。

（1）　新潟商事株式会社は商品を仕入れ，品物とともに下記の納品書を受け取った。なお，代金は消費税を含めて後日支払うこととし，消費税の記帳については税抜経理方式で行う。

X3年4月10日

納　品　書

新潟商事株式会社　御中

埼玉商会株式会社

品　　　物	数　量	単　価	金　額
スマートフォンケース	30	¥700	¥21,000
モバイルバッテリー	10	¥1,800	¥18,000
		消　費　税	¥3,900
		合　　　計	¥42,900

（2）　長野商会株式会社は商品を売り上げ，品物とともに下記の請求書の原本を発送した。なお，代金については全額を掛けで処理した。同社はインテリア雑貨の販売業を営んでおり，品物の発送に関する仕訳は発送時に行っている。

X1年7月2日

請　求　書（控）

岐阜商店　御中

長野商会株式会社

品　　　物	数　量	単　価	金　額
LEDキャンドル	20	¥1,400	¥28,000
壁掛け鏡	10	¥2,300	¥23,000
		合　　　計	¥51,000

X1年7月31日までに合計金額を下記口座へお振り込み下さい。
MJC銀行　本店営業部　普通　1234567　ナガノショウカイ（カ

（3）　愛知商事株式会社は事務作業に使用する物品を購入し，品物とともに下記の領収書を受け取った。なお，代金はすでに支払い済みであり，仮払金勘定で処理してある。品物の受け取りに関する仕訳は受取時に行っている。

X2年6月12日

領　収　書

愛知商事株式会社　御中

静岡電機株式会社

品　　　物	数　量	単　価	金　額
ノートパソコン	3	¥131,000	¥393,000
配送料	—	—	¥3,000
セッティング作業料	3	¥2,000	¥6,000
		合　　計	¥402,000

上記, 合計金額を領収いたしました。

印　収入印紙
200円

（4）　山梨商事株式会社が取引銀行のインターネットバンキングサービスで参照した当座勘定照合表は，下記のとおりである。X1年10月2日の取引の仕訳を示しなさい。なお，群馬物産は同社商品の取引先であり，商品売買取引はすべて掛けとしている。

X1年10月31日

当座勘定照合表

山梨商事株式会社　様

あずさ銀行アルプス支店

月日	摘　　要	お支払金額	お預り金額	差 引 残 高
10. 2	振込　群馬物産	184,000		×××
10. 2	手数料	330		×××
10. 4	振込　富山商会		75,000	×××
⋮	⋮	⋮	⋮	⋮

解答・解説

（1） 納品書の受け取り

　代金は全額が後日支払いのため，合計金額の¥42,900を買掛金とする。なお，税抜経理方式での記帳が要求されていることから，仕入は消費税を除いた金額となる。

　　仕入：¥21,000（スマートフォンケース）＋¥18,000（モバイルバッテリー）＝¥39,000

借方科目	金額	貸方科目	金額
仕　　　　　入	39,000	買　　掛　　金	42,900
仮　払　消　費　税	3,900		

（2） 請求書の発行

　代金の合計¥51,000を売上に計上するとともに，岐阜商店への請求金額を売掛金とする。

　　売上：¥28,000（LEDキャンドル）＋¥23,000（壁掛け鏡）＝¥51,000

借方科目	金額	貸方科目	金額
売　　掛　　金	51,000	売　　　　　上	51,000

（3） 領収書の受け取り

　備品の取得原価は付随費用を含めた¥402,000となる。なお，代金は全額支払い済みであるため，当該金額を仮払金勘定の貸方に記入する。

　　備品：¥393,000（ノートパソコン）＋¥3,000（配送料）＋¥6,000（セッティング作業料）＝¥402,000

借方科目	金額	貸方科目	金額
備　　　　　品	402,000	仮　　払　　金	402,000

（4） 当座勘定照合表の参照

　当座預金口座から群馬物産への買掛金を決済したことが読み取れる。

借方科目	金額	貸方科目	金額
買　　掛　　金	184,000	当　座　預　金	184,330
支　払　手　数　料	330		

24

試算表

Summary

1 日々の仕訳や転記が正しく行われているかどうかを確認するため，定期的に作成される表のことを**試算表**という。

2 試算表には，総勘定元帳の各勘定口座の借方合計と貸方合計を集計する**合計試算表**，各勘定口座の残高のみを集計する**残高試算表**，さらに両者を合わせた**合計残高試算表**の3種類がある。

3 試算表の作成において，借方合計の総計と貸方合計の総計は必ず一致し，借方残高の総計と貸方残高の総計は必ず一致する。

合計残高試算表の作成例（現金勘定のみ抜粋）

現　　　金

5/1 前 月 繰 越	2,900	5/15 × × ×	700
9 × × ×	1,400	27 × × ×	1,000

合 計 残 高 試 算 表

借 方 残 高	借 方 合 計	勘 定 科 目	貸 方 合 計	貸 方 残 高
2,600	4,300	現　　　金	1,700	
		掛　　　金		
		貸 倒 引 当 金	20	20
500	500	繰 越 商 品		
⋮	⋮	⋮	⋮	⋮
	20	売　　　上	12,550	12,530
7,850	7,880	仕　　　入	30	
1,750	1,750	給　　　料		
15,000	17,000		17,000	15,000

4,300－1,700

現金勘定の借方合計

現金勘定の貸方合計

一致

□□ **問題** 次の合計試算表と諸取引にもとづいて，Ｘ１年９月30日の合計残
高試算表を作成しなさい。

９月25日時点の合計試算表

合 計 試 算 表
X1年9月25日

借　方	勘 定 科 目	貸　方
956,100	現　　　　　金	294,500
1,024,200	当 座 預 金	222,100
311,700	普 通 預 金	160,200
740,000	売 　掛 　金	220,000
	貸 倒 引 当 金	4,800
504,000	繰 越 商 品	
800,000	貸 　付 　金	
1,600,000	備　　　　　品	
96,000	買 　掛 　金	348,000
	借 　入 　金	520,000
	資 　本 　金	2,000,000
	繰越利益剰余金	400,000
26,000	売　　　　　上	12,954,000
	受 取 利 息	20,000
8,540,200	仕　　　　　入	14,000
1,626,000	給　　　　　料	
138,800	広 　告 　費	
80,600	交 　通 　費	
54,400	通 　信 　費	
71,200	消 耗 品 費	
384,000	支 払 家 賃	
132,000	水 道 光 熱 費	
62,000	租 税 公 課	
10,400	支 払 利 息	
17,157,600		17,157,600

９月26日から30日までの諸取引

26日　過日，北海道商事より掛けで
　　　仕入れた商品のうち￥1,800を品
　　　違いのため返品した。

27日　当 座 預 金 口 座 か ら 現 金
　　　￥100,000を引き出した。

28日　神奈川物産から商品￥120,000
　　　を仕入れ，全額を掛けとした。
　　　なお，引取運賃￥1,800（当店負
　　　担）は現金で支払った。

29日　岡山商店に商品￥240,000を売
　　　り上げ，代金のうち￥50,000は
　　　同店振り出しの小切手で受け取
　　　り，残額は掛けとした。

30日　借入金のうち￥200,000を利息
　　　￥3,000とともに当座預金口座か
　　　ら返済した。

解答・解説

合 計 残 高 試 算 表
X1年9月30日

借 方 残 高	借 方 合 計	勘 定 科 目	貸 方 合 計	貸 方 残 高
809,800	1,106,100	現　　　　　金	296,300	
499,100	1,024,200	当 座 預 金	525,100	
151,500	311,700	普 通 預 金	160,200	
710,000	930,000	売　　掛　　金	220,000	
		貸 倒 引 当 金	4,800	4,800
504,000	504,000	繰 越 商 品		
800,000	800,000	貸　　付　　金		
1,600,000	1,600,000	備　　　　　品		
	97,800	買　　掛　　金	468,000	370,200
	200,000	借　　入　　金	520,000	320,000
		資　　本　　金	2,000,000	2,000,000
		繰 越 利 益 剰 余 金	400,000	400,000
	26,000	売　　　　　上	13,194,000	13,168,000
		受 取 利 息	20,000	20,000
8,646,200	8,662,000	仕　　　　　入	15,800	
1,626,000	1,626,000	給　　　　　料		
138,800	138,800	広　　告　　費		
80,600	80,600	交　　通　　費		
54,400	54,400	通　　信　　費		
71,200	71,200	消 耗 品 費		
384,000	384,000	支 払 家 賃		
132,000	132,000	水 道 光 熱 費		
62,000	62,000	租 税 公 課		
13,400	13,400	支 払 利 息		
16,283,000	17,824,200		17,824,200	16,283,000

26日の取引について，いったん仕入れた商品を返品した場合は，仕入時の逆仕訳を行うことで返品分の仕入を取り消す。

（借） 買 掛 金	1,800	（貸） 仕 入	1,800	

27日の取引については次のとおりである。

（借） 現 金	100,000	（貸） 当 座 預 金	100,000	

28日の取引について，商品を仕入れるさいにかかった引取運賃等の付随費用を，商品の仕入原価に含めて処理する。

（借） 仕 入	121,800	（貸） 買 掛 金	120,000	
		現 金	1,800	

29日の取引について，他人が振り出した小切手は，換金性の高さから現金と同様に扱われるため，受け取った小切手の金額分だけ現金勘定を増加させる。当該金額と売上代金との差額を売掛金として処理する。

（借） 現 金	50,000	（貸） 売 上	240,000	
売 掛 金	190,000			

30日の取引については次のとおりである。

（借） 借 入 金	200,000	（貸） 当 座 預 金	203,000	
支 払 利 息	3,000			

※　合計残高試算表の完成

　9月30日までの各勘定科目の取引総額を借方合計および貸方合計の列に記入し，9月30日時点の残高を借方残高または貸方残高の列に記入する。最後に，各列の総計が貸借で一致していることを確認する。

25 総合問題（精算表①）

□□ **問題** 決算にあたって修正すべき次の事項（決算整理事項）にもとづいて，東京商事株式会社（会計期間はＸ１年４月１日～Ｘ２年３月31日）の精算表を完成しなさい。

決算整理事項

（1） 期末商品棚卸高　¥365,000

（2） 貸倒引当金

　　売掛金について残高の2.0％の貸倒れを見積もる。差額補充法により処理する。

（3） 備品：減価償却

　　備品は当期首に¥750,000で購入し，直ちに使用に供したものである。定額法により減価償却費の計算を行い，直接法により記帳している。耐用年数は５年，残存価額はゼロと見積もられている。

（4） 現金過不足の残高は，原因不明につき，雑益として処理する。

（5） 広告費の未払高　¥22,000

（6） 保険料の前払高　¥7,600

決算整理前残高試算表

借　方	勘定科目	貸　方
604,000	現　　　　　金	
	現 金 過 不 足	700
802,000	当 座 預 金	
410,000	普 通 預 金	
520,000	売 　掛　 金	
	貸 倒 引 当 金	8,700
396,000	繰 越 商 品	
750,000	備　　　　　品	
1,400,000	土　　　　　地	
	買 　掛　 金	642,000
	借 　入　 金	800,000
	資 　本　 金	2,000,000
	繰越利益剰余金	947,500
	売　　　　　上	7,297,900
	受 取 地 代	73,000
5,005,500	仕　　　　　入	
897,000	給　　　　　料	
416,000	広 　告　 費	
116,700	交 　通　 費	
135,000	通 　信　 費	
81,800	消 耗 品 費	
69,000	保 　険　 料	
101,000	水 道 光 熱 費	
41,800	租 税 公 課	
24,000	支 払 利 息	
11,769,800		11,769,800

解答・解説

精 算 表

勘 定 科 目	残 高 試 算 表 借 方	残 高 試 算 表 貸 方	修 正 記 入 借 方	修 正 記 入 貸 方	損 益 計 算 書 借 方	損 益 計 算 書 貸 方	貸 借 対 照 表 借 方	貸 借 対 照 表 貸 方
現　　　　　金	604,000						604,000	
現 金 過 不 足		700	700					
当 座 預 金	802,000						802,000	
普 通 預 金	410,000						410,000	
売 掛 金	520,000						520,000	
貸 倒 引 当 金		8,700		1,700				10,400
繰 越 商 品	396,000		365,000	396,000			365,000	
備　　　　　品	750,000			150,000			600,000	
土　　　　　地	1,400,000						1,400,000	
買 掛 金		642,000						642,000
借 入 金		800,000						800,000
資 本 金		2,000,000						2,000,000
繰越利益剰余金		947,500						947,500
売　　　　　上		7,297,900				7,297,900		
受 取 地 代		73,000				73,000		
仕　　　　　入	5,005,500		396,000	365,000	5,036,500			
給　　　　　料	897,000				897,000			
広 告 費	416,000		22,000		438,000			
交 通 費	116,700				116,700			
通 信 費	135,000				135,000			
消 耗 品 費	81,800				81,800			
保 険 料	69,000			7,600	61,400			
水 道 光 熱 費	101,000				101,000			
租 税 公 課	41,800				41,800			
支 払 利 息	24,000				24,000			
	11,769,800	11,769,800						
貸倒引当金繰入			1,700		1,700			
減 価 償 却 費			150,000		150,000			
雑　　　　　益				700		700		
未 払 広 告 費				22,000				22,000
前 払 保 険 料			7,600				7,600	
当 期 純 利 益					**286,700**			286,700
			943,000	943,000	7,371,600	7,371,600	4,708,600	4,708,600

（1） 商品売買取引に関わる決算整理

　商品売買取引を三分法（仕入・売上・繰越商品の3勘定を用いる方法）で処理している場合，売上原価は決算整理仕訳によって把握する必要がある。手順としては，商品の期首棚卸高を繰越商品勘定から仕入勘定に振り替え，期末棚卸高を仕入勘定から繰越商品勘定に振り替える。その結果，仕入勘定の残高は売上原価を示し，繰越商品勘定の残高は期末商品棚卸高を示すことになる。

　売上原価：期首商品棚卸高￥396,000＋当期商品仕入高￥5,005,500－期末商品棚卸高￥365,000＝￥5,036,500

（借）	仕　　　　入	396,000	（貸）	繰　越　商　品	396,000
（借）	繰　越　商　品	365,000	（貸）	仕　　　　入	365,000

（2） 貸倒れの見積もり

　貸倒引当金が売掛金残高の2.0％の金額になるように差額補充法で処理する。下記計算式のとおり，貸倒引当金の必要額（売掛金残高の2.0％）は￥10,400であるが，貸倒引当金残高が￥8,700あるため，貸倒引当金の繰入額は両者の差額￥1,700となる。

　貸倒引当金の必要額：売掛金残高￥520,000×2.0％＝￥10,400
　貸倒引当金の繰入額：￥10,400－貸倒引当金残高￥8,700＝￥1,700

（借）	貸倒引当金繰入	1,700	（貸）	貸　倒　引　当　金	1,700

（3） 有形固定資産の減価償却

　定額法による減価償却では，1年あたりの減価償却費を「（取得原価－残存価額）÷耐用年数」で計算する。なお，直接法による記帳が要求されていることから，備品勘定の残高から減価償却費の金額を直接控除する。

　減価償却費：（￥750,000－￥0）÷5年＝￥150,000

（借）	減　価　償　却　費	150,000	（貸）	備　　　　品	150,000

（4） 現金過不足の整理

　現金過不足は，現金の帳簿残高と実際有高との差額として把握される。その原因が決算手続においても判明しなかった場合，現金過不足勘定の残高をゼロにし，雑益または雑損として処理する。本問の場合，残高試算表の現金過不足勘定が貸方残高となっていることから，期中において現金実際有高に合わせるべく現金帳簿残高を増加させていた経緯が読み取れる。したがって，その原因が不明だった場合，雑益となる。

（借）　現 金 過 不 足	700	（貸）　雑　　　　　益	700

（5） 広告費の未払分の整理

　残高試算表の広告費は，当期中に支払った金額ベースで記載されているため，まだ支払いが済んでいない当期の広告費（未払分）があれば，それを当期の費用として加算する必要がある。本問では，広告費の未払高¥22,000を広告費勘定に計上するとともに，同額を未払広告費勘定に計上する。この仕訳により，当期の広告費は¥438,000となる。

（借）　広　　告　　費	22,000	（貸）　未 払 広 告 費	22,000

（6） 保険料の前払分の整理

　残高試算表の保険料は，当期中に支払った金額ベースで記載されているため，すでに支払いが済んでいる次期の保険料（前払分）があれば，それを当期の費用から控除する必要がある。本問では，保険料の前払高¥7,600を保険料勘定から前払保険料勘定に振り替える。この仕訳により，当期の保険料は¥61,400となる。

（借）　前 払 保 険 料	7,600	（貸）　保　　険　　料	7,600

※　当期純損益の算定

　損益計算書の列の貸借差額により，当期純損益を算定する。本問では¥286,700の借方残高であるため，同額の当期純利益が計上される。

26

総合問題（精算表②）

□□ |問題| 次の決算整理事項にもとづいて，熊本商事株式会社（会計期間は X2年1月1日〜X2年12月31日）の精算表を完成しなさい。

決算整理事項
（1） 期末商品棚卸高　¥231,000
（2） 売掛金残高の1.5%の貸倒れを見積もる。差額補充法により処理する。
（3） 備品はX1年1月1日に¥944,000で購入し，直ちに使用に供したものである（耐用年数は8年，残存価額はゼロ）。定額法により減価償却費の計算を行い，直接法により記帳する。なお，前期における減価償却費は適正に計上されている。
（4） 現金過不足のうち¥3,300は，通信費の記帳漏れが原因である。残りの原因不明分については，適切に処理する。
（5） 消耗品未使用高　¥19,100
（6） 家賃の前払高　¥25,000

決算整理前残高試算表

借　方	勘定科目	貸　方
877,700	現　　　　　金	
3,500	現 金 過 不 足	
746,100	当 座 預 金	
891,200	普 通 預 金	
1,800,000	売 　掛　 金	
	貸 倒 引 当 金	18,600
277,000	繰 越 商 品	
300,000	貸 　付　 金	
826,000	備　　　　　品	
	買 　掛　 金	533,600
	借 　入　 金	400,000
	資 　本　 金	3,500,000
	繰越利益剰余金	1,446,400
	売　　　　　上	7,129,800
	受 取 利 息	22,500
4,526,400	仕　　　　　入	
1,671,000	給　　　　　料	
272,000	広 　告　 費	
128,400	交 　通　 費	
137,600	通 　信　 費	
139,000	消 耗 品 費	
325,000	支 払 家 賃	
41,000	水 道 光 熱 費	
63,000	租 税 公 課	
26,000	支 払 利 息	
13,050,900		13,050,900

解答・解説

精 算 表

勘定科目	残高試算表 借方	残高試算表 貸方	修正記入 借方	修正記入 貸方	損益計算書 借方	損益計算書 貸方	貸借対照表 借方	貸借対照表 貸方
現　　　　金	877,700						877,700	
現 金 過 不 足	3,500			3,500				
当 座 預 金	746,100						746,100	
普 通 預 金	891,200						891,200	
売 　掛 　金	1,800,000						1,800,000	
貸 倒 引 当 金		18,600		8,400				27,000
繰 越 商 品	277,000		231,000	277,000			231,000	
貸 　付 　金	300,000						300,000	
備 　　　品	826,000			118,000			708,000	
買 　掛 　金		533,600						533,600
借 　入 　金		400,000						400,000
資 　本 　金		3,500,000						3,500,000
繰越利益剰余金		1,446,400						1,446,400
売 　　　上		7,129,800				7,129,800		
受 取 利 息		22,500				22,500		
仕 　　　入	4,526,400		277,000	231,000	4,572,400			
給 　　　料	1,671,000				1,671,000			
広 　告 　費	272,000				272,000			
交 　通 　費	128,400				128,400			
通 　信 　費	137,600		3,300		140,900			
消 耗 品 費	139,000			19,100	119,900			
支 払 家 賃	325,000			25,000	300,000			
水 道 光 熱 費	41,000				41,000			
租 税 公 課	63,000				63,000			
支 払 利 息	26,000				26,000			
	13,050,900	13,050,900						
貸倒引当金繰入			8,400		8,400			
減 価 償 却 費			118,000		118,000			
雑 　　　損			200		200			
消 　耗 　品			19,100				19,100	
前 払 家 賃			25,000				25,000	
当 期 純 損 失						308,900	308,900	
			682,000	682,000	7,461,200	7,461,200	5,907,000	5,907,000

（1） 商品売買取引に関わる決算整理

商品売買取引を三分法で処理している場合，売上原価は決算整理仕訳によって把握する必要がある。手順としては，商品の期首棚卸高を繰越商品勘定から仕入勘定に振り替え，期末棚卸高を仕入勘定から繰越商品勘定に振り替える。その結果，仕入勘定の残高は売上原価を示し，繰越商品勘定の残高は期末商品棚卸高を示すことになる。

売上原価：期首商品棚卸高￥277,000＋当期商品仕入高￥4,526,400－
期末商品棚卸高￥231,000＝￥4,572,400

| （借） | 仕 入 | 277,000 | （貸） | 繰 越 商 品 | 277,000 |
| （借） | 繰 越 商 品 | 231,000 | （貸） | 仕 入 | 231,000 |

（2） 貸倒れの見積もり

貸倒引当金が売掛金残高の1.5％の金額になるように差額補充法で処理する。下記計算式のとおり，貸倒引当金の必要額（売掛金残高の1.5％）は￥27,000であるが，貸倒引当金残高が￥18,600あるため，貸倒引当金の繰入額は両者の差額￥8,400となる。

貸倒引当金の必要額：売掛金残高￥1,800,000×1.5％＝￥27,000
貸倒引当金の繰入額：￥27,000－貸倒引当金残高￥18,600＝￥8,400

| （借） | 貸倒引当金繰入 | 8,400 | （貸） | 貸 倒 引 当 金 | 8,400 |

（3） 有形固定資産の減価償却

定額法による減価償却では，1年あたりの減価償却費を「（取得原価－残存価額）÷耐用年数」で計算する。なお，直接法による記帳が要求されていることから，備品勘定の残高から減価償却費の金額を直接控除する。本問の場合，備品は前期首に購入されているため，残高試算表の備品は取得原価から1年分の減価償却費が控除された金額になっている点に注意する。

減価償却費：（￥944,000－￥0）÷8年＝￥118,000

| （借） | 減 価 償 却 費 | 118,000 | （貸） | 備 品 | 118,000 |

（4） 現金過不足の整理

　現金過不足￥3,500のうち￥3,300は通信費の記帳漏れと判明したため，その金額を現金過不足勘定から通信費勘定に振り替える。本問の場合，残高試算表の現金過不足勘定が借方残高となっていることから，期中において現金実際有高に合わせるべく現金帳簿残高を減少させていた経緯が読み取れる。したがって，残りの原因不明分￥200については，雑損として処理する。

（借）	通　信　費	3,300	（貸）	現 金 過 不 足	3,500
	雑　　　　損	200			

（5） 消耗品の処理

　消耗品は，実際に消費した分を当期の費用に計上し，未使用分は資産として次期に繰り越す。本問では残高試算表の勘定科目から，消耗品購入時に全額を消耗品費勘定（費用）で処理していたことが読み取れるため，未使用高￥19,100を消耗品費勘定から消耗品勘定（資産）に振り替える。

（借）	消　耗　品	19,100	（貸）	消 耗 品 費	19,100

（6） 家賃の前払分の整理

　残高試算表の支払家賃は，当期中に支払った金額ベースで記載されているため，すでに支払いが済んでいる次期の家賃（前払分）があれば，それを当期の費用から控除する必要がある。本問では，家賃の前払高￥25,000を支払家賃勘定から前払家賃勘定に振り替える。この仕訳により，当期の支払家賃は￥300,000となる。

（借）	前 払 家 賃	25,000	（貸）	支 払 家 賃	25,000

※　当期純損益の算定

　損益計算書の列の貸借差額により，当期純損益を算定する。本問では￥308,900の貸方残高であるため，同額の当期純損失が計上される。

27

総合問題
（貸借対照表・損益計算書）

問題 次の決算整理事項にもとづいて，福岡商事株式会社（会計期間は
X1年4月1日〜X2年3月31日）の貸借対照表と損益計算書を完成しな
さい。

決算整理事項

（1） 仮受金の残高は，その全額が
売掛金の回収であることが判明
した。

（2） 期末商品棚卸高　¥253,000

（3） 貸倒引当金
売掛金について残高の1.0％の
貸倒れを見積もる。差額補充法
により処理する。

（4） 備品：減価償却
備品は当期首に¥950,000で購
入し，直ちに使用に供したもの
である。定額法により減価償却
費の計算を行い，直接法により
記帳している。耐用年数は5年，
残存価額はゼロと見積もられて
いる。

（5） 給料の未払高　¥89,000

（6） 地代の前払高　¥50,000

決算整理前残高試算表

借　方	勘定科目	貸　方
653,800	現　　　　　金	
1,792,000	当　座　預　金	
2,137,000	売　　掛　　金	
	貸　倒　引　当　金	11,700
266,000	繰　越　商　品	
640,000	貸　　付　　金	
950,000	備　　　　　品	
	買　　掛　　金	519,000
	仮　　受　　金	77,000
	借　　入　　金	670,000
	資　　本　　金	3,000,000
	繰越利益剰余金	895,600
	売　　　　　上	6,818,200
	受　取　利　息	28,800
2,579,500	仕　　　　　入	
1,723,200	給　　　　　料	
238,000	交　　通　　費	
146,000	通　　信　　費	
650,000	支　払　地　代	
218,000	水　道　光　熱　費	
26,800	支　払　利　息	
12,020,300		12,020,300

解答・解説

貸 借 対 照 表

福岡商事株式会社	X2年3月31日現在		(単位：円)
資　産	金　額	負債および純資産	金　額
現　　　　　金	653,800	買　掛　金	519,000
当　座　預　金	1,792,000	借　入　金	670,000
売　掛　金 （ 2,060,000 ）		未　払　費　用	89,000
貸 倒 引 当 金 （　20,600 ）	2,039,400	資　本　金	3,000,000
商　　　　　品	253,000	繰越利益剰余金	1,910,200
前　払　費　用	50,000		
貸　付　金	640,000		
備　　　　　品	760,000		
	6,188,200		6,188,200

損 益 計 算 書

福岡商事株式会社	X1年4月1日からX2年3月31日まで		(単位：円)
費　用	金　額	収　益	金　額
売　上　原　価	2,592,500	売　上　高	6,818,200
給　　　　　料	1,812,200	受　取　利　息	28,800
交　通　費	238,000		
通　信　費	146,000		
支　払　地　代	600,000		
水　道　光　熱　費	218,000		
支　払　利　息	26,800		
貸倒引当金繰入	8,900		
減　価　償　却　費	190,000		
当期純（利益）	**1,014,600**		
	6,847,000		6,847,000

（1）　仮受金の整理

　残高試算表の仮受金¥77,000について，全額が売掛金の回収であることが判明したため，仮受金勘定の残高をゼロにするとともに売掛金勘定の残高を¥77,000減少させる。この仕訳により，売掛金残高は¥2,060,000となる。

（借）　仮　受　金	77,000	（貸）　売　掛　金	77,000

（2）　商品売買取引に関わる決算整理

売上原価を把握するために，商品の期首棚卸高を繰越商品勘定から仕入勘定に振り替え，期末棚卸高を仕入勘定から繰越商品勘定に振り替える。その結果，仕入勘定の残高は売上原価を示し，繰越商品勘定の残高は期末商品棚卸高を示すことになる。

売上原価：期首商品棚卸高￥266,000＋当期商品仕入高￥2,579,500－期末商品棚卸高￥253,000＝￥2,592,500

（借）	仕		入	266,000	（貸）	繰	越	商 品	266,000
（借）	繰	越	商 品	253,000	（貸）	仕		入	253,000

（3）　貸倒れの見積もり

貸倒引当金が売掛金残高の1.0%の金額になるように差額補充法で処理する。本問では（1）の結果，売掛金残高が￥2,060,000となっている点に注意する。下記計算式のとおり，貸倒引当金の必要額（売掛金残高の1.0%）は￥20,600であるが，貸倒引当金残高が￥11,700あるため，貸倒引当金の繰入額は両者の差額￥8,900となる。

貸倒引当金の必要額：売掛金残高￥2,060,000×1.0%＝￥20,600

貸倒引当金の繰入額：￥20,600－貸倒引当金残高￥11,700＝￥8,900

（借）	貸倒引当金繰入	8,900	（貸）	貸 倒 引 当 金	8,900

（4）　有形固定資産の減価償却

定額法による減価償却では，1年あたりの減価償却費を「（取得原価－残存価額）÷耐用年数」で計算する。なお，直接法による記帳が要求されていることから，備品勘定の残高から減価償却費の金額を直接控除する。

減価償却費：（￥950,000－￥0）÷5年＝￥190,000

（借）	減 価 償 却 費	190,000	（貸）	備	品	190,000

（5） 給料の未払分の整理

　残高試算表の給料は，当期中に支払った金額ベースで記載されているため，まだ支払いが済んでいない当期の給料（未払分）があれば，それを当期の費用として加算する必要がある。本問では，給料の未払高¥89,000を給料勘定に計上するとともに，同額を未払給料勘定に計上する。この仕訳により，当期の給料は¥1,812,200となる。

　　（借）　給　　　　料　　89,000　（貸）　未　払　給　料　　　89,000

（6） 地代の前払分の整理

　残高試算表の支払地代は，当期中に支払った金額ベースで記載されているため，すでに支払いが済んでいる次期の地代（前払分）があれば，それを当期の費用から控除する必要がある。本問では，地代の前払高¥50,000を支払地代勘定から前払地代勘定に振り替える。この仕訳により，当期の支払地代は¥600,000となる。

　　（借）　前　払　地　代　　50,000　（貸）　支　払　地　代　　　50,000

※　貸借対照表および損益計算書の完成

　損益計算書の貸借差額により，¥1,014,600の当期純利益が算定される。当期純利益は繰越利益剰余金勘定の貸方に振り替えられるため，貸借対照表に記載される繰越利益剰余金は，残高試算表の金額¥895,600に当期純利益を加えた¥1,910,200となる。なお，一部勘定科目については，貸借対照表や損益計算書の表示科目へ変更する。

　　B/S：繰越商品→商品，前払地代→前払費用，未払給料→未払費用
　　P/L：売上→売上高，仕入→売上原価

28

模擬試験問題

—制限時間 1 時間30分—

第1問 次の取引を仕訳しなさい。勘定科目は，下の中から最も適切と思われるものを選ぶこと。（28点）

現	金	普 通 預 金	当 座 預 金	定 期 預 金
売 掛 金	備 品	仮 払 金	買 掛 金
所得税預り金	仮 受 金	資 本 金	繰越利益剰余金
売 上	受 取 利 息	仕 入	給 料
通 信 費	貸 倒 損 失	支 払 利 息	損 益

1. 従業員給料￥500,000の支払いに際して，所得税の源泉徴収額￥46,000を差し引き，普通預金口座から口座振込で支払った。
2. 普通預金口座から￥3,000,000を定期預金口座へ振り替えた。
3. 出張中の従業員より，内容不明の当座預金口座への振り込み￥180,000があった。
4. 株式会社設立に際し，株式1,500株を@￥3,000で発行し，全額が普通預金口座に払い込まれた。
5. 株式会社東京商事は当期決算の結果，当期純利益￥239,000を計上した。
6. かねて福岡商事株式会社から掛けで仕入れていた商品に品違いがあったため，商品￥5,000分を返品し，掛代金と相殺した。
7. 当期に生じた宮城物産株式会社に対する売掛金￥547,000が回収不能となり，全額貸倒処理した。

第2問 次の資料にもとづいて、①の（ア）と（イ）、②の（ウ）と（エ）にあてはまる金額を計算しなさい。なお②については、損益取引以外の取引により生じた純資産の変動はないものとする。（16点）

	期首商品棚卸高	純仕入高	期末商品棚卸高	売上原価	純売上高	売上総利益
①	29,400	671,500	（ア）	682,300	950,600	（イ）
	期首資産	期首負債	期末純資産	総収益	総費用	当期純利益
②	510,690	（ウ）	407,380	（エ）	153,460	29,870

第3問 次の証ひょうの示す取引について、解答用紙の仕訳帳と各勘定口座の空欄に記入・転記しなさい。（12点）

長野商会株式会社は商品を売り上げ、品物とともに下記の請求書の原本を発送した。なお、代金については全額を掛けで処理した。同社はオフィス用品の販売業を営んでおり、品物の発送に関する仕訳は発送時に行っている。

請　求　書（控）

X1年7月3日

新潟商店　御中

長野商会株式会社

品　　物	数　量	単　価	金　額
プリンタートナー　T-11	10	¥4,000	¥40,000
インクカードリッジ　I-661	3	¥1,500	¥4,500
プリンタ用紙　500枚入	20	¥1,000	¥20,000
		合　　計	¥64,500

X1年7月15日までに合計金額を下記口座へお振込み下さい。
MJC銀行　長野支店　普通　1234123　ナガノショウカイ（カ

第4問　以下のA商品の仕入と払出の記録にもとづいて，商品有高帳に記入しなさい。なお，商品の払出単価の決定は先入先出法によっており，商品有高帳は月末に締め切ること。(12点)

【A商品の仕入と払出の記録】

6月1日　　前月繰越：A商品250個，@￥300

　　7日　　千葉商事（株）よりA商品を@￥350で400個掛仕入

　　12日　　埼玉商会（株）へA商品を@￥600で300個掛売上

　　19日　　茨城商事（株）よりA商品を@￥380で200個掛仕入

　　25日　　栃木商事（株）へA商品を@￥620で420個掛売上

第5問　決算にあたって修正すべき次の事項（決算整理事項）にもとづいて，神奈川商事株式会社（会計期間は×1年4月1日〜×2年3月31日）の精算表を完成しなさい。(32点)

決算整理事項

1．期末商品棚卸高　￥452,000

2．貸倒引当金

　　　売掛金について残高の2.0％の貸倒れを見積もる。差額補充法により処理する。

3．備品：減価償却

　　　定額法により減価償却費の計算を行い，直接法により記帳する。なお，備品は当期首に取得したものであり，耐用年数は6年，残存価額はゼロと見積もられている。

4．消耗品の未使用高　￥29,000

5．広告費の未払高　￥20,000

6．家賃の前払高　￥40,000

解答・解説

第 1 問 （@ 4 点 × 7 ＝ 28 点）

(1)	（借）	給　　　　料	500,000	（貸）	所得税預り金	46,000
					普 通 預 金	454,000

　源泉徴収される所得税￥46,000は，企業が従業員から預かり，後に納税するため，所得税預り金勘定（負債）で処理する。給料（費用）からこれを差し引いた￥454,000を普通預金（資産）で支払うことになる。

(2)	（借）	定 期 預 金	3,000,000	（貸）	普 通 預 金	3,000,000

　普通預金の資金を定期預金へ預け替えた取引であり，￥3,000,000の普通預金（資産）の減少と定期預金（資産）の増加を記録する。

(3)	（借）	当 座 預 金	180,000	（貸）	仮 受 金	180,000

　金額や勘定科目が確定しない金銭を受け取った取引であり，当座預金（資産）￥180,000の増加とともに，仮受金（負債）の増加を記録する。

(4)	（借）	普 通 預 金	4,500,000	（貸）	資 本 金	4,500,000

　株式を発行して，株式会社を設立した際には，普通預金（資産）に払い込まれた￥4,500,000は，原則として全額資本金（純資産）として処理する。

(5)	（借）	損　　　　益	239,000	（貸）	繰越利益剰余金	239,000

　損益勘定で算定された当期純利益・損失は，純資産の増減として繰越利益剰余金勘定（純資産）に振り替える。本問では，損益勘定の借方に￥239,000が，繰越利益剰余金勘定の貸方に￥239,000が記録される。

(6)	（借）	買 掛 金	5,000	（貸）	仕　　　　入	5,000

　仕入れた商品の返品は，商品の仕入れのキャンセルにあたり，仕入を取り消すために，￥5,000を仕入勘定の貸方に記入するとともに，買掛金勘定

の借方に¥5,000を記入し相殺処理を行う。

| (7) | （借） | 貸 倒 損 失 | 547,000 | （貸） | 売 掛 金 | 547,000 |

当期に生じた売掛金が回収不能（貸倒れ）となった際には，貸倒損失（費用）として処理する。貸倒損失（費用）¥547,000の発生を借方に記録するとともに，売掛金（資産）¥547,000の減少を貸方に記録する。

第2問（@ 4 点 × 4 ＝16点）

（ア）	期末商品棚卸高	¥	18,600
（イ）	売上総利益	¥	268,300
（ウ）	期首負債	¥	133,180
（エ）	総収益	¥	183,330

当期に損益取引以外で生じた純資産の変動がない場合には，次の関係が成り立つ。「売上原価＝期首商品棚卸高＋純仕入高－期末商品棚卸高」…①，「売上総利益＝純売上高－売上原価」…②，「期首（末）資産＝期首（末）負債＋期首（末）純資産」…③，「当期純利益＝総収益－総費用」…④「期末純資産－期首純資産＝当期純利益」…⑤

本問では，これらの関係から，以下のように金額を導くことができる。（ア）①式より，期末商品棚卸高¥18,600＝期首商品棚卸高¥29,400＋純仕入高¥671,500－売上原価¥682,300。（イ）②式より，売上総利益¥268,300＝純売上高¥950,600－売上原価¥682,300。（ウ）まず⑤式より，期首純資産¥377,510＝期末純資産¥407,380－当期純利益¥29,870。次に，③式から期首負債¥133,180＝期首資産¥510,690－期首純資産¥377,510。（エ）④式より，総収益¥183,330＝総費用¥153,460＋当期純利益¥29,870。

第3問（@ 4 点 × 3 ＝12点：仕訳帳，各勘定の記入それぞれで 4 点）

		仕 訳 帳			7

日付		摘 要	元丁	借 方	貸 方
7	3	（ 売 掛 金 ）	3	64,500	
		（ 売 上 ）	21		64,500

売　　掛　　金

日付		摘　要	仕丁	借　方	日付		摘　要	仕丁	貸　方
7	1	前　月　繰　越	✓	338,000					
	3	売　　　　上	7	64,500					

売　　　　上　　　　　　　　21

日付		摘　要	仕丁	借　方	日付		摘　要	仕丁	貸　方
					7	1	前　月　繰　越	✓	932,000
						3	売　掛　金	7	64,500

証ひょうから以下の仕訳を行い，これを各勘定に転記する。

（借）　売　掛　金　　64,500　（貸）　売　　　　上　　64,500

第4問（@4点×3＝12点：7日，12日，25日の記入それぞれで4点）

商　品　有　高　帳
A　商　品

日付		摘　要	受入 数量	受入 単価	受入 金額	払出 数量	払出 単価	払出 金額	残高 数量	残高 単価	残高 金額
6	1	前 月 繰 越	250	300	75,000				250	300	75,000
	7	仕　　　入	400	350	140,000				250	300	75,000
									400	350	140,000
	12	売　　　上				250	300	75,000			
						50	350	17,500	350	350	122,500
	19	仕　　　入	200	380	76,000				350	350	122,500
									200	380	76,000
	25	売　　　上				350	350	122,500			
						70	380	26,600	130	380	49,400
	30	次 月 繰 越				130	380	49,400			
			850		291,000	850		291,000			
7	1	前 月 繰 越	130	380	49,400				130	380	49,400

　商品を仕入れた場合には，商品有高帳の受入欄にその数量，単価，合計金額を記入する。同様に，商品を売り上げた場合，商品有高帳の払出欄にその数量，単価（原価），合計金額（原価）を記入する。

　商品有高帳を先入先出法で記入する場合，先に受け入れた商品から順番に払い出すと仮定するため，単価の異なる商品を{を使って区別して記入することが必要である。

第5問 （@4点×8＝32点：●印の記入がすべてできて4点）

精　算　表

勘 定 科 目	試 算 表 借 方	試 算 表 貸 方	修 正 記 入 借 方	修 正 記 入 貸 方	損 益 計 算 書 借 方	損 益 計 算 書 貸 方	貸 借 対 照 表 借 方	貸 借 対 照 表 貸 方
現　　　　金	440,000						440,000	
当 座 預 金	370,000						370,000	
普 通 預 金	281,000						281,000	
売 掛 金	550,000						550,000	
貸 倒 引 当 金		2,000		●9,000				11,000
繰 越 商 品	400,000		452,000	400,000			452,000	
貸 付 金	500,000						500,000	
備　　　　品	1,200,000			●200,000			1,000,000	
買 掛 金		220,000						220,000
借 入 金		800,000						800,000
資 本 金		2,000,000						2,000,000
繰越利益剰余金		150,000						150,000
売　　　　上		7,313,000				7,313,000		
受 取 利 息		15,000				15,000		
仕　　　　入	4,240,000		●400,000	452,000	4,188,000			
給　　　　料	1,235,000				1,235,000			
広 告 費	181,000		●20,000		201,000			
交 通 費	123,000				123,000			
通 信 費	95,000				95,000			
消 耗 品 費	176,000			29,000	147,000			
支 払 家 賃	503,000			●40,000	463,000			
水 道 光 熱 費	92,000				92,000			
租 税 公 課	84,000				84,000			
支 払 利 息	30,000				30,000			
	10,500,000	10,500,000						
貸倒引当金繰入			●9,000		9,000			
減 価 償 却 費			200,000		200,000			
消 耗 品			●29,000				29,000	
未 払 広 告 費				20,000				20,000
前 払 家 賃			40,000				40,000	
当 期 純 利 益				●461,000				461,000
			1,150,000	1,150,000	7,328,000	7,328,000	3,662,000	3,662,000

1．商品売買取引に関わる決算整理

| （借） | 仕 | | 入 | 400,000 | （貸） | 繰 | 越 | 商 | 品 | 400,000 |
| （借） | 繰 | 越 | 商 | 品 | 452,000 | （貸） | 仕 | | 入 | 452,000 |

　商品売買取引を三分法で処理している場合，売上原価を上記の決算整理仕訳によって把握する。

2．貸倒れの見積もり

| （借） | 貸倒引当金繰入 | 9,000 | （貸） | 貸 倒 引 当 金 | 9,000 |

　貸倒引当金を以下のように算定し，差額補充法で処理する。
　貸倒引当金の必要額：売掛金残高￥550,000×2.0％＝￥11,000
　貸倒引当金の繰入額：￥11,000－貸倒引当金残高￥2,000＝￥9,000

3．有形固定資産の減価償却

| （借） | 減 価 償 却 費 | 200,000 | （貸） | 備 | 品 | 200,000 |

　定額法による減価償却では，1年あたりの減価償却費を「（取得原価－残存価額）÷耐用年数」で計算する。
　減 価 償 却 費：（取 得 原 価 ￥1,200,000－残 存 価 額 ￥0）÷6年＝￥200,000

4．消耗品の処理

| （借） | 消 耗 品 | 29,000 | （貸） | 消 耗 品 費 | 29,000 |

　消耗品は，実際に消費した分を当期の費用に計上し，未使用分は資産として次期に繰り越す。未使用高￥29,000を消耗品費勘定から消耗品勘定（資産）に振り替える。

5．広告費の未払分の整理

| （借） | 広 告 費 | 20,000 | （貸） | 未 払 広 告 費 | 20,000 |

　未払高￥20,000を広告費勘定に計上するとともに，同額を未払広告費勘定に計上する。

6．家賃の前払分の整理

| (借) | 前 払 家 賃 | 40,000 | (貸) | 支 払 家 賃 | 40,000 |

前払高￥40,000を支払家賃勘定から前払家賃勘定に振り替える。

■　当期純損益の算定

　損益計算書および貸借対照表の貸借差額により，当期純損益を算定する。本問では￥461,000の当期純利益が計上される。

＜監修者紹介＞

佐藤　信彦 （さとう・のぶひこ）

熊本学園大学大学院教授　全国経理教育協会簿記上級審査会会長

明治大学大学院商学研究科博士課程単位取得。市邨学園短期大学，日本大学，明治大学を経て現職。公認会計士試験委員，税理士試験委員，日本簿記学会会長，日本会計研究学会理事を歴任。現在，日本簿記学会顧問，税務会計研究学会副会長，日本会計教育学会副会長，日本学術会議連携会員，経営関連学会協議会副理事長など。

主要著書に，『リース会計基準の論理』（共編著，税務経理協会），『業績報告と包括利益』（編著，白桃書房），『国際会計基準制度化論（第2版）』（編著，白桃書房），『スタンダードテキスト財務会計論Ⅰ・Ⅱ』（編集代表，中央経済社），『税理士試験　財務諸表論の要点整理』（中央経済社），『全経簿記上級　商業簿記・財務会計テキスト（第9版）』（共編，中央経済社）など。

＜編著者紹介＞

大塚　浩記 （おおつか・ひろのり）

埼玉学園大学教授

明治大学大学院経営学研究科博士後期課程単位取得。埼玉学園大学専任講師，助教授，准教授を経て現職。主要著書に『基本から学ぶ会計学』（共著，中央経済社），『ニューステップアップ簿記』（共著，創成社）など。

木下　貴博 （きのした・たかひろ）

松本大学松商短期大学部教授

立教大学大学院経済学研究科博士後期課程単位取得。松本大学松商短期大学部専任講師，准教授を経て現職。主要著書に『ビジネスセンスが身につく簿記』（共著，中央経済社）『ビジネスセンスが身につく会計学』（共著，中央経済社）など。

全経簿記能力検定試験標準問題集　3級商業簿記

2024年4月10日　第1版第1刷発行

監　修	佐　藤　信　彦
編著者	大　塚　浩　記
	木　下　貴　博
発行者	山　本　　　継
発行所	㈱中　央　経　済　社
発売元	㈱中央経済グループ パブリッシング

〒101-0051　東京都千代田区神田神保町1-35
電話　03 (3293) 3371 (編集代表)
03 (3293) 3381 (営業代表)
https://www.chuokeizai.co.jp
印刷／文唱堂印刷㈱
製本／㈲井上製本所

©2024
Printed in Japan